OSAMA
TIOSAM

OSAMA TIO SAM
Por qué ama tanto el mundo a los Estados Unidos

© 2003, Eduardo del Río García (Rius)

6a reimpresión, 2006

D.R. 2006, Random House Mondadori, S.A. de C.V.
        Av. Homero núm. 544, Col. Chapultepec Morales,
        Del. Miguel Hidalgo, C.P. 11570, México, D.F.

www. randomhousemondadori.com.mx

ISBN 970-05-1579-6

Impreso en México / *Printed in Mexico*

OSAMA TIOSAM

POR QUÉ AMA TANTO EL MUNDO A LOS ESTADOS UNIDOS

Grijalbo

Índice del contenido

Introducción

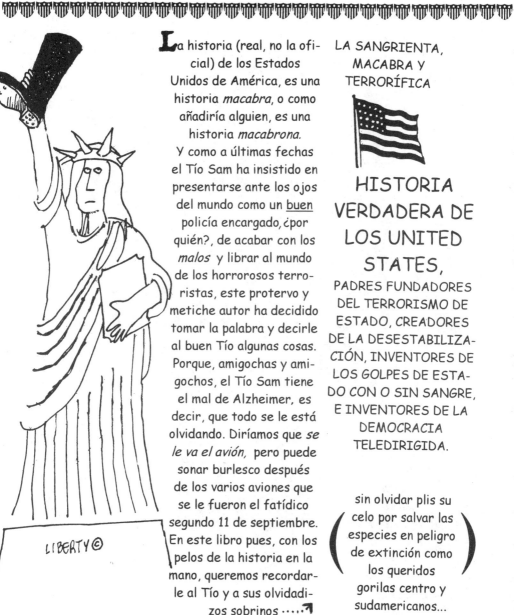

La historia (real, no la oficial) de los Estados Unidos de América, es una historia *macabra*, o como añadiría alguien, es una historia *macabrona*. Y como a últimas fechas el Tío Sam ha insistido en presentarse ante los ojos del mundo como un <u>buen</u> policía encargado, ¿por quién?, de acabar con los *malos* y librar al mundo de los horrorosos terroristas, este protervo y metiche autor ha decidido tomar la palabra y decirle al buen Tío algunas cosas. Porque, amigochas y amigochos, el Tío Sam tiene el mal de Alzheimer, es decir, que todo se le está olvidando. Diríamos que *se le va el avión,* pero puede sonar burlesco después de los varios aviones que se le fueron el fatídico segundo 11 de septiembre. En este libro pues, con los pelos de la historia en la mano, queremos recordarle al Tío y a sus olvidadizos sobrinos ·····➐

LA SANGRIENTA, MACABRA Y TERRORÍFICA

HISTORIA VERDADERA DE LOS UNITED STATES, PADRES FUNDADORES DEL TERRORISMO DE ESTADO, CREADORES DE LA DESESTABILIZACIÓN, INVENTORES DE LOS GOLPES DE ESTADO CON O SIN SANGRE, E INVENTORES DE LA DEMOCRACIA TELEDIRIGIDA.

(sin olvidar plis su celo por salvar las especies en peligro de extinción como los queridos gorilas centro y sudamericanos...)

LIBERTY©

AGRADECIMIENTOS
Y
ACLARACIONES

El autor quiere agradecer la involuntaria colaboración de las docenas de Colegas que en estos dos últimos siglos de Pax Americana han estado friegue y friegue al Tío Sam por meterse donde no lo llaman. Sus cartones embellecen y dan gloria a las páginas de este libro.

Una mínima parte del material de este libro apareció en la vieja historieta de *Los Agachados* y ha sido reciclado por el autor con fines perversos pero muy prácticos, como los gringos. Que conste...

Se dice que los Estados Unidos es el único país en el mundo que llegó a la civilización sin pasar por la cultura. Y es que, bien visto, NO EXISTE UNA CULTURA GRINGA. El autor fue invitado en el año 1959 por el *State Department* a visitar aquel país y (pensaron ellos) convencerse de las bondades del *american way of life*.

Al llegar la *tour* a los desérticos pero hermosísimos paisajes de Nuevo México, en la ciudad de Santa Fe, me llevaron a conocer un museo llamado "de la cultura americana", entendido lo de "americana" como lo entienden ellos: *american, americano, norteamericano*, es decir, *gringo o yanqui*. Intrigado, penetré a las salas del Museo, sólo para encontrarme con una muestra de artesanías indígenas iguales a las de Tlaquepaque o Oaxaca. La cultura gringa es, para ellos, la cultura que destruyeron alegremente.

Después caí en cuenta de que la auténtica cultura gringa, la de los güeros patones, es la *Coca-cola, hot-dogs, fried chicken, burgers, Disneyland y Country Music.* (Porque ni siquiera el JAZZ se puede considerar cultura gringa, al ser un producto 100% afro, lo mismo que el Rock, hijo directo del hermoso Jazz..)

Entonces, a falta de una cultura propia, los anglosajones blancos inventaron una cultura 100% gringa:

LA CULTURA DEL TERROR.

Este libro trata de demostrar que los hechos del ya famoso 11 DE SEPTIEMBRE DEL 2001, son resultado y contestación de la *cultura del terror* que los Estados Unidos han impuesto y practicado en sus relaciones con el mundo que los rodea. El *terrorismo de estado* ha sido sistemáticamente ejercido por los USA en los más

Jorge Blanco, Venezuela

diversos lugares del mundo, en <u>todas</u> las épocas
de su historia, con trágicos resultados humanos y
con una muy discutible "ganancia" para ellos.
El terrorismo del 11 de septiembre (el de Nueva
York, no el de Santiago de Chile) palidece un
poco junto a los terrorismos que ha ejercido ese
país <u>contra</u> sus inventados "enemigos".

Este libro trata de demostrar varias
cuestiones fundamentales:

Que los USA han sembrado el terror en
todo el mundo, mucho antes de que se
vieran amenazados del mismo terror y
pánico en su propio territorio (2001).
*

Que, curiosamente, ahora se declara y
erige en *destructor por excelencia de
terroristas* y devasta y arrasa un país ya
devastado (Afganistán) matando a miles
de inocentes, que ninguna culpa
tuvieron en el 11 de septiembre.
*

Que, más curiosamente todavía, pese a
que ya no existe la URSS, se rearma
militarmente con todo tipo de armas de
destrucción masiva, y exige que todos
los demás países (no sus amigos) se
desarmen o serán aniquilados (Irak).

Que los Estados Unidos (sus gobiernos)
se han tomado la libertad de explotar,
robar y dominar a otros países, con el
único pretexto de "defender, extender y
hacer valer" <u>sus intereses y privilegios</u>.
Lo dijo claramente el Secretario de
Estado John Foster Dulles:
LOS ESTADOS UNIDOS
NO TIENEN AMIGOS,
TIENEN INTERESES.
*

Y que le han hecho creer al mundo,
gracias a su dominio y supremacía sobre
los medios de comunicación, que el
bueno de la película <u>siempre, y hoy en
especial</u>, es el Tío SAM. Los demás son
rojos, malos, enemigos del orden y la
democracia y vulgares terroristas.

****
Pequeña
**HISTORIA
DE LOS
UNITED STATES**
<u>antes</u> de su
Independencia
****

Los primeros ingleses que colonizaron las costas de lo que hoy son los Estados Unidos, fueron piratas encabezados por el famoso **Walter Raleigh** en el año 1584. Las "nuevas" tierras fueron bautizadas como **Virginia** en honor de la reina Isabel, lo que –dicen– no le gustó al rey Jacobo I que mandó decapitar al pirata acusado de traición (dicen que le estaba poniendo el cuerno con la reina) y otorgó las tierras a dos compañías inglesas.

En 1619 llegaron los primeros esclavos negros para trabajar en las florecientes plantaciones de tabaco, en los territorios robados o mal vendidos, de los indios.

....

1620

La Compañía colonizadora de Nueva Inglaterra otorgó las tierras del actual estado de Massachusets a un grupo de calvinistas puritanos ingleses que venían huyendo de la Isla, quienes lograron que se les autorizase a gobernarse solos, sin depender de las autoridades locales.

Se formó así en Boston una extraña república teocrática fundamentalista, donde los colonos vivían sometidos a la dictadura de los más fanáticos. Algunos no soportaron el régimen y se fueron a fundar otras colonias como Providence, Portsmouth, Newport, Warwick, Connecticut y New Heaven.

Otros emigrantes, pero holandeses y protestantes valones, adquirieron muy barato la isla de Manhattan y levantaron el fuerte de Nueva Holanda, en 1623.

....

Los nada originales holandeses bautizaron aquella islota como Nueva Amsterdam, que luego les quitaron los ingleses rebautizándola como New York, en 1674.

Otros emigrantes ingleses fundaron la colonia que hoy se llama Pennsilvania, en honor de uno de ellos que se llamaba **William Penn**. Eran *cuáqueros*, miembros de una secta puritana de costumbres medio raras y dedicados al comercio informal.

¿ Cómo nacieron los UNITED STATES ?: robando a los indios, sus legítimos dueños, sus tierritas.

****

¿ YA VISTEIS QUE ESTO ESTÁ LLENO DE INDIOS ?

Estamos tan acostumbrados a ver <u>así</u> el mapa de los United States que no nos imaginamos que el país ése estuvo un tiempo dividido en otra forma. <u>Así</u>:

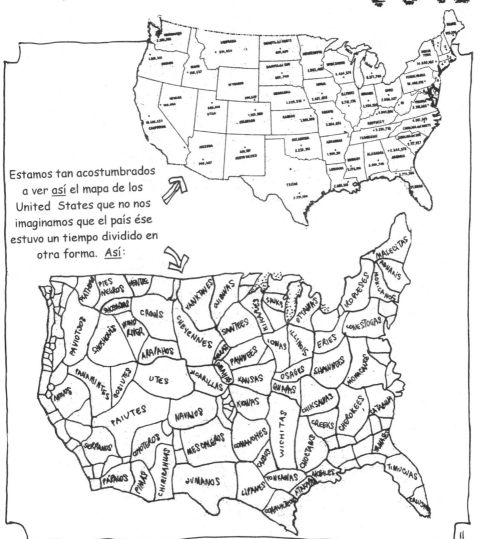

11

EL ROBADERO A LOS DUEÑOS DE LOS UNITED STATES

****

CINCO MILLONES DE IN-
DIOS DE CIENTO Y PICO
DE DISTINTAS RAZAS
VIVÍAN MÁS O MENOS
EN PAZ Y SIN MOLESTAR
A NADIE.

Su modo de vida era la caza,
el pastoreo, la pesca y la
agricultura, pero también se
dedicaban a elaborar telas
(sin albures), preciosa cerá-
mica y otras artesanías.

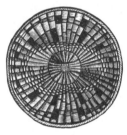

Pero no eran indios salvajes,
como los pinta a veces el cine gringo: tenían sus leyes,
su religión, cantos y bailes,
hacían poesía, conocían de
astronomía y medicina, y
practicaban un **socialismo**
primitivo. Todo era de todos
y no conocían la maldita
<u>propiedad privada</u>, excepto
tratándose de mujeres...

Muchos de los nombres de
aquellas tribus aún se conservan como nombres de
estados y ciudades : Hopis,
Alabamas, Mobiles, Massa-
chusets, Miamis, Maricopas,
Apalaches, Yumas,
Biloxis, etc.

12

Y lo más importante: vivían en total armonía con la naturaleza, respetando bosques y animales, especialmente a los búfalos y caballos, que abundaban en las enormes planicies centrales.

TRAS LA CONQUISTA DE MÉXICO, LOS ESPAÑOLES AVANZARON HACIA EL NORTE Y EN 1540 LAS HUESTES DE CORONADO SE TOPARON CON TRIBUS INDIAS QUE HABITABAN LO QUE ES HOY **NUEVO MÉXICO**, Y MÁS TARDE CON OTRAS EN FLORIDA, ARIZONA, TEXAS, CALIFORNIA Y COLORADO.

¡HOSTIA: SI TODO ESTÁ LLENO DE INDIOS!

EN GENERAL, LOS HISPANOS RESPETARON Y TRATARON PACÍFICAMENTE A LAS TRIBUS INDIAS, MANDANDO ADELANTE A LOS CURAS Y MISIONEROS, SEGUIDOS DE LOS SOLDADOS...

(PUES, COMO ESTÁN MÁS CIVILIZADOS QUE NOSOTROS, VAMOS A CRISTIANIZARLOS.)

¿QUÉ HAZEMOS CON ELLOS, FRAY JUNÍPERUS?

LA TÁCTICA ESPAÑOLA FUE "*MÁS VALE MAÑA QUE FUERZA*"...

(Al menos después de la sangrienta Conquista de México.)

PERO LOS INGLESES ERAN MUY DIFERENTES A LOS CONQUISTADORES ESPAÑOLES, Y SU MISIÓN MUY DIFERENTE: DESDE SU ARRIBO A NORTEAMÉRICA LOS INGLESES Y HOLANDESES TRAÍAN LA PEREGRINA IDEA DE ESTABLECER COLONIAS RECONOCIENDO QUE LAS TIERRAS NO ERAN SUYAS, SINO DEL INDIO...

(*Claro: las tierras tenían dueños: los indios, pero a los desde entonces malditos ingleses eso no les importaba un penique .)*

EN 1620, 102 INGLESES MIEMBROS DE UNA SECTA PROTESTANTE LLAMADA "LOS PURITANOS" HUYERON DE INGLATERRA EN BUSCA DE UN LUGAR DONDE VIVIR EN PAZ. EN SEPTIEMBRE DE ESE AÑO LLEGARON A PLYMOUT (MASSACHUSETS) Y FUNDARON AHÍ UNA COLONIA PURITANA...

1620

Los ingleses, franceses y holandeses COMPRABAN la tierra, pero como en el lenguaje indio no existían los verbos *comprar y vender*, los sagaces europeos los estafaron y les vieron la cara.

PLYMOUTH

NEW YORK

ÁNTICO

MUCHO GUSTO EN CONOCERLOS: SOY ARDILLA PÁLIDA.

¿ VENDER? ¿QUÉ QUIERE DECIR ESO?

Los indios NO SABÍAN LO QUE ERA EL DINERO, ni les interesaba el oro, de modo que los europeos se hicieron de grandes territorios que compraban con mercancía que los indios no conocían, ni sabían su valor real.

14

TODA LA ISLA DE MANHAT-
TAN, lo que hoy es Nueva
York, la compró el holandés
Minuit... en 24 dólares en mercancía. ¡ Hoy vale aquello 24
billones de dólares ! Lo mismo
hicieron en toda la costa atlán-
tica, adquiriendo inmensos terrenos en los que fundaron las
hoy famosas TRECE COLO-
NIAS que fueron el principio
de los United States.

GOVERNOR MINUIT BUYS MANHATTAN ISLAND

¡ EN NINGUNA OTRA PARTE CONSIGUES UNA MAGIA TAN BARATA !

TIC TAC TIC TAC

LA PRIMERA BANDERA GRINGA
TENÍA POR ESO 13 ESTRELLAS.

EN ESE INTERCAMBIO LOS
EUROPEOS INCLUYERON
DOS MERCANCÍAS QUE A LA
LARGA SERÍAN LA PERDI-
CIÓN DEL INDIO: **ARMAS Y
ALCOHOL**. AMBAS MALDI-
CIONES PROVOCARÍAN EN-
TRE LAS DISTINTAS TRI-
BUS ENVIDIAS Y RIVALIDA-
DES HACIENDO QUE SE PE-
LEARAN Y MATARAN ENTRE
SÍ, DEJÁNDOLOS A MERCED
DE LOS EUROPEOS...

DIVIDE Y VENCERÁS...

hic

PARA PERFECCIONAR EL DES-
POJO DE TIERRAS, LOS INGLE-
SES Y FRANCESES HACÍAN
CAUSA COMÚN CON ALGUNAS
DE LAS TRIBUS QUE PELEABAN
CON LAS OTRAS: SE ALIABAN
CON ELLAS Y SE HACÍAN ASÍ
DE MÁS TIERRAS.

15

LO PEOR FUE CUANDO INGLESES Y FRANCESES PELEARON ENTRE SÍ POR LOS TERRITORIOS CANADIENSES. La guerra entre las dos potencias terminó en 1760 con la derrota de Francia...y de las tribus indias que fueron obligadas a luchar de su lado: los ingleses se quedaron con Canadá y con las extensísimas tierras de los indios "aliados" de Francia.

LO MALO ES QUE YA TORO MOJADO SE ACOSTUMBRAR AL COGNAC ¡HIC!

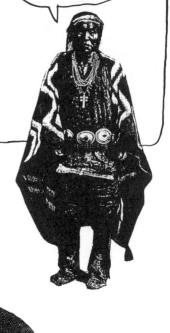

SIN EMBARGO, LAS TRIBUS "ALIADAS" CON LOS INGLESES GOZARON POCO DE LA PROTECCIÓN BRITÁNICA, PUES EN 1776 SE INICIÓ OTRA GUERRA EN NORTEAMÉRICA: LA GUERRA DE INDEPENDENCIA. LOS COLONOS "AMERICANOS" SE REBELARON CONTRA SU MADRE BRITÁNICA, CON LOS RESULTADOS QUE NADIE SE IMAGINABA: **GANÓ WASHINGTON POR PALIZA.**

SALIERON LOS INGLESES Y AQUELLO FUE DECLARADO COMO *LOS ESTADOS UNIDOS DE NORTEAMÉRICA.* ✱

GOD FUCK THE QUEEN !

...Y LAS ANTES PROTEGIDAS TRIBUS PASARON A SER "NACIONES INTERNAS SUBALTERNAS", O SEA, INQUILINOS DE LA NUEVA NACIÓN BLANCA Y CRISTIANA.

"PURITY"
"SAFETY"
"EXCELLENCE"

✱ (más al rato va la película de la guerra de INDEPENDENCIA de los Bolillos.)

16

DURANTE EL DOMINIO INGLÉS LOS INDIOS Y EL REY FIRMARON UN ACUERDO: LOS MONTES APALACHES SERÍAN LA LÍNEA DIVISORIA ENTRE EL PAÍS INDIO Y LAS COLONIAS (1763) COMPROMETIÉNDOSE EL TAL REY A RESPETARLO.

Pero los ahora Gringos independizados del Rey inglés, dijeron que ese Tratado ya no contaba... ¡Que lo respetara el Rey, no ellos!

EN CONSECUENCIA, SE INICIÓ LA CONQUISTA DEL OESTE CON LA PARTICIPACIÓN DE JOHN WAYNE, BÚFALO VIL, LA CABALLERÍA, EL LLANERO SOLITARIO, MILES DE EXTRAS Y EL INDIO BEDOYA.

17

(El lector que ha visto los cientos de películas que Hollywood ha hecho para contarnos la odisea, tiene que tomar en cuenta que las películas presentan LA VERSIÓN BLANCA DE LA HISTORIA. Les rogamos, pues, que las interpreten al revés para que conozcan la verdad de las cosas. Thanks.)

EL REY INGLÉS NOS PROTEGÍA UN POCO Y RESPETABA LOS ACUERDOS, PERO LOS NUEVOS BLANCOS NOS DECLARARON LA GUERRA.

DESDE ENTONCES LA POLÍTICA GRINGA PARA CON LOS INDIOS CONVERTIDOS AHORA EN INQUILINOS FUE:

EL INDIO BUENO ES EL INDIO MUERTO.

~~> EN UN ABRIR Y CERRAR DE OJOS, LOS YANQUIS CRUZARON LOS APALACHES Y EMPEZARON A INVADIR LAS TIERRAS DE LAS PACÍFICAS TRIBUS INDIAS, Y A TOMAR POSESIÓN DE ELLAS, ANTE LAS (INÚTILES) PROTESTAS DE LOS INDIOS QUE NO TENÍAN CÓMO DEFENDERSE DE LA INVASIÓN...

¡DICEN QUE NO TENEMOS LAS ESCRITURAS, GERÓNIMO.!

IMPOTENTES, LOS INDIOS VEÍAN CÓMO LOS BLANCOS ESCRITURABAN) PARA ELLOS LAS MEJORES TIERRAS, CON EL APOYO DE TROPAS Y FUNCIONARIOS...

Hasta trabajo te voy a dar...

~~> El despojo a los indios siguió 2 pasos: UNO, quitarles "legalmente" sus tierras, pues no eran considerados "ciudadanos americanos", sino intrusos en un territorio "ganado" a los ingleses...

¿CÓMO VAS A SER AMERICANO SI NO HABLAS INGLÉS, NI ERES BLANCO NI VISTES COMO LA GENTE?

DOS: si no aceptaban por las buenas, declararlos "violadores de la ley" y perseguirlos, encarcelarlos o, de plano, matarlos.

(HASTA QUE LOS INDIOS DECIDIERON DEFENDERSE CON EL ÚNICO ARGUMENTO QUE ENTENDÍAN LOS BLANCOS: LA GUERRA.)

19

En las mismas películas se puede ver lo desigual de las fuerzas, y sin embargo, los bravos guerreros sioux, cherokees y demás obligaron al blanco a construir fuertes por todas partes y a tratar de seguir despojando a los indios "legalmente", firmando acuerdos de paz que nunca respetarían...y ofreciendo otros territorios "a cambio"...

...Y A CAMBIO VAN A SER FELICES POSEEDORES DE EXCELENTES TERRENOS CON VISTA AL BELLO DESIERTO, CON LUZ, CALLES PAVIMENTADAS, VIGILANCIA, SÚPER, CINES Y AGUA...

(EMBOTELLADA)

CON EL PRETEXTO DE QUE INDIOS Y BLANCOS VIVÍAN "DEMASIADO CERCA PARA VIVIR EN PAZ Y ARMONÍA", EL BUEN TÍO SAM DECIDIÓ TRASLADAR A LOS CHEROKEES, QUE VIVÍAN EN UNA DE LAS REGIONES MÁS FÉRTILES Y RICAS (AL ESTE DEL RIO MISSISSIPPI), A UNA DE LAS REGIONES MÁS POBRES, ÁRIDAS Y FEAS, COMO ES OKLAHOMA.
Y LO MISMO HICIERON CON LOS SEMINOLES, CREEKS, CHOCTAWS Y CHICKASAWS...

WE REMEMBER

Cartel cubano

WOUNDED KNEE

Y A BASE DE PAPELES Y FUSILES LOS GRINGOS LLEVARON A CABO LA "HEROICA" CONQUISTA DEL OESTE...

El traslado por la fuerza fue una masacre. En la película DANZA CON LOBOS quedó excelentemente captado.

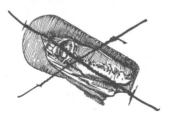

Vea el sufrido lector la opinión de dos presidentes gringos sobre los indios:

"DESDE HACE MU-CHO CONSIDERO LOS TRATADOS CON LOS INDIOS COMO ALGO ABSURDO, QUE DESENTONA CON LOS PRINCIPIOS DE NUESTRO GOBIER-NO."

Andrew Jackson

"NINGÚN ESTADO PODRÁ ALCANZAR CULTURA, CIVILIZA-CIÓN Y PROGRESO, MIENTRAS SE PER-MITA AL INDIO PERMANECER EN ÉL."

Van Beuren

LOS INDIOS QUE-DARON JODIDOS Y SIN PROTECCIÓN. DE 1778 A 1878 EL TÍO SAM FIRMÓ 370 TRATADOS DE PAZ CON LOS INDIOS: NO RESPETÓ NI UNO.

EL GENOCIDIO DE LOS INDIOS DE NORTEAMÉRICA PUEDE COMPARARSE SIN PENA CON EL QUE HITLER LLEVÓ A CABO EN EUROPA CON LOS JUDÍOS.
LAS FAMOSAS "RESERVACIONES" PUEDEN COMPARARSE CON LOS CAMPOS DE CONCENTRA-CIÓN DE LOS NAZIS, CON LA DIFERENCIA DE QUE LOS INDIOS PERDIERON TODO: SUS TIERRAS Y SU CULTURA. LOS INDIOS SE CONVIRTIERON DE LA NOCHE A LA MAÑANA EN SIMPLES "PRISIONEROS DE GUERRA" AL NEGARSE A SER METIDOS EN LAS HORRI-BLES RESERVACIONES.
EN 1870, LOS INDIOS DE LOS USA SUMABAN TODA-VÍA CINCO MILLONES. ACTUALMENTE SON ME-NOS DE ... 300 MIL.

¿HICIERON RESERVACIONES? SI NO, NO HAY PROBLEMA, AQUÍ SE LAS HAGO.

TRAVEL TURISMO

21

ALGUNAS DE LAS MALAS
TIERRAS EN QUE FUERON
ACOMODADOS, RESULTA-
RON RICAS EN PETRÓLEO U
ORO, POR LO QUE EL BUEN
TÍO DECIDIÓ MANDARLOS
A OTRAS QUE NO TUVIERAN
ESE PROBLEMA PARA QUE
LOS POBRES INDIOS NO CAYE-
RAN EN EL VICIO DE VOL-
VERSE RICOS.

AL FÍN
QUE A LOS
INDIOS NO LES
GUSTA EL
DINERO...

(El lector podrá ver que las
actuales reservaciones indias
se ubican en las regiones más
pobres y jodidas, lo que no debe interpretarse como mala fe
de los gringos, sino simple y
pura coincidencia...)

ÚNICAMENTE UN PRESI-
DENTE GRINGO, EL GRAN
FRANKLIN D. ROOSEVELT,
TRATÓ DE CORREGIR LOS
CRÍMENES Y ABUSOS CON-
TRA LOS INDIOS, DICTAN-
DO LEYES EN SU AYUDA Y
OTORGÁNDOLES CRÉDITOS
Y AUTONOMÍA... QUE LOS
GOBIERNOS QUE SIGUIE-
RON OLVIDARON.

HOY, SEGÚN HA RECONOCI-
DO EL CONGRESO DE LOS
USA, "LOS INDIOS DE NOR-
TEAMÉRICA VIVEN UNA DE
LAS MÁS DESDICHADAS
SITUACIONES, EN CONDI-
CIONES IMPOSIBLES, PEOR
QUE EN LOS LUGARES DON-
DE GUARDAMOS EL GANA-
DO...".

R.Cobb / Australia

HASTA LA FECHA, EN LOS LIBROS DE TEXTO DE LAS
ESCUELAS GRINGAS, CUANDO SE HABLA DE LA
EXPANSIÓN TERRITORIAL DE LOS ESTADOS UNIDOS, NO
SE LLEGA A MENCIONAR EL DESPOJO SUFRIDO POR LOS
INDIOS DE NORTEAMÉRICA. PARA LA HISTORIA OFICIAL,
LOS INDIOS SIMPLEMENTE NO EXISTIERON...

(Y para los norteamericanos tampoco: celebran alegremente su *Thanksgiving Day*
dándole gracias a Dios de que ya casi no quedan indios en su país.)

23

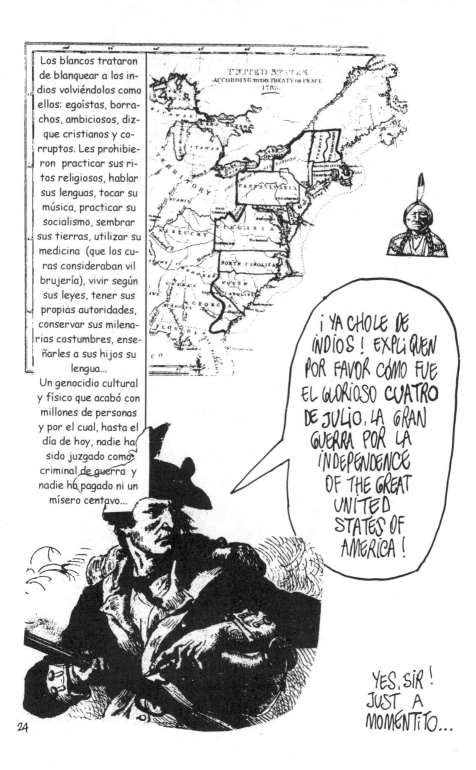

Los blancos trataron de blanquear a los indios volviéndolos como ellos: egoístas, borrachos, ambiciosos, dizque cristianos y corruptos. Les prohibieron practicar sus ritos religiosos, hablar sus lenguas, tocar su música, practicar su socialismo, sembrar sus tierras, utilizar su medicina (que los curas consideraban vil brujería), vivir según sus leyes, tener sus propias autoridades, conservar sus milenarias costumbres, enseñarles a sus hijos su lengua...

Un genocidio cultural y físico que acabó con millones de personas y por el cual, hasta el día de hoy, nadie ha sido juzgado como criminal de guerra y nadie ha pagado ni un mísero centavo...

¡YA CHOLE DE INDIOS! EXPLIQUEN POR FAVOR CÓMO FUE EL GLORIOSO **CUATRO DE JULIO**, LA GRAN GUERRA POR LA INDEPENDENCE OF THE GREAT UNITED STATES OF AMERICA!

YES, SIR! JUST A MOMENTITO...

PEQUEÑA HISTORIETA de la INDEPENDENCIA de los USA

****

LA VIDA EN LAS TRECE COLONIAS ERA YA IMPOSIBLE EN 1776...

TODO LE PERTENE-CÍA A LOS CAPITA-LISTAS DE LON-DRES: LOS BUQUES, EL COMERCIO, LAS FÁBRICAS, LOS BAN-COS Y LAS RIQUE-ZAS DEL PAÍS...

Por esos mismos años, el rey Jorge III aumentó bárbara-mente los impuestos a sus colonos de América, lo que encabronó ligeramente a to-do mundo, negándose la ma-yoría a pagarlos, cosa que encabronó bastantemente al rey don Jorge.
Se veía venir una guerra.

LOS CAPITALISTAS (DE LONDRES) DE-TERMINABAN LOS PRECIOS DE TODO LO QUE COMPRABAN Y VENDÍAN EN SU COLONIA DE AMÉRI-CA DEL NORTE...

Y NI MODO DE QUEJARSE: EL REY JORGE TENÍA SUS PROPIOS TRIBUNA-LES, SUS CÓDIGOS ESPECIALES Y SUS ORGANISMOS DE COMERCIO, DE MO-DO QUE NI POR LAS BUENAS SE LOGRABA NADA...

25

OBVIAMENTE, LA GENTE ESTABA MUY DESCONTENTA...

"AQUÍ UNO NO PUEDE FABRICAR UN BOTÓN O UNA HERRADURA, NI SIQUIERA UN CLAVO DE HERRADURA SIN QUE EN INGLATERRA PROTESTEN LOS FABRICANTES DE CLAVOS Y BOTONES Y NOS ACUSEN DE LADRONES..."

el conocido agitador Benjamín Franklin

LA SITUACIÓN FUE APROVECHADA POR UN GRUPO DE EXTREMISTAS QUE PREDICABAN LAS IDEAS EXÓTICAS DE LOS ROJOS Y ATEOS **VOLTAIRE Y ROUSSEAU** Y PRETENDÍAN TUMBAR AL RÉGIMEN DEMOCRÁTICO DE DON JORGE III...

Y TÚ HACES LAS PINTAS QUE DIGAN "ENGLISHES GO HOME"...

DESDE LUEGO, ACTUABAN BAJO UN DISFRAZ DE DEMOCRACIA, LIBERTAD Y PROGRESO :

LOS HIJOS DE LA LIBERTAD

JOIN, or DIE.

GEORGE WASHINGTON   BENJAMIN FRANKLIN   JOHN ADAMS   THOMAS JEFFERSON

PERO ENSEÑARON PRONTO LA OREJA DE SU IDEOLOGÍA AL PLANTEAR SUS COMUNIZANTES DEMANDAS:

"Queremos nuestro propio comercio, nuestras propias industrias y nuestra libertad política..."
¡QUÉ DESCARO!

¿Y YO EN QUÉ LEO? PREPAREN LA FLOTA: NO QUIERO OTRO "CANADÁ" EN EL HEMISFERIO!!
*

*Canadá ya se había independizado de Francia.

Además, los servicios de espionaje del rey descubrieron que en el movimiento "Los Hijos de la Libertad" se habían infiltrado peligrosos activistas extranjeros:

SE TRATA DEL CHE LAFAYETTE, DEL CHE KOSCIUSKO, DEL CHE PULASKI, DEL CHE DE KALB, DEL CHE VON STEUBEN, ETC.

SE TRATABA PUES DE UNA CONJURA EXTRACONTINENTAL PARA ACABAR CON LA LIBERTAD DEL PUEBLO DE LOS ESTADOS UNIDOS...

(Y peor todavía: aquello era una <u>revolución</u> ...)

Y LA FLOTA INGLESA SALIÓ A MADRUGAR AL MOVIMIENTO SUBVERSIVO, PERO UN MADRUGADOR, EL CONOCIDO AGITADOR **PAUL REVERE** LA VIO LLEGAR Y LES AVISÓ A TODOS.

CHARLES TOWN

BOSTON

¡A LOS MARINES LLEGARON YA!

Y LLEGARON MÁS Y MÁS MARINES DESDE LONDRES... PERO NO PUDIERON CON LOS REBELDES, QUE ALCANZARON EL TRIUNFO HASTA EL AÑO 1783...

CURIOSAMENTE la primera colonia que se independizó en América de una potencia europea fueron los Estados Unidos. Constituida como una República Democrática, otros países de América los tomaron como modelo a seguir en sus luchas por su independencia de España. Y la Constitución de los Estados Unidos fue casi copiada por esos países.

(LUEGO ESOS PAÍSES SE TRATARÍAN DE INDEPENDIZAR, PERO...DE LOS ESTADOS UNIDOS.)

cuando se firmó el Tratado de paz con los ingleses y se le concedió a los USA su Independencia...

Es pues curioso que habiendo sido los primeros en librarse del colonialismo, los gringos sean ahora enemigos de los que quieren librarse de <u>su</u> colonialismo.

27

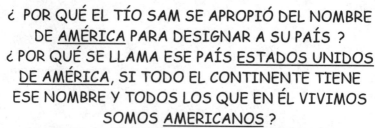

¿ POR QUÉ EL TÍO SAM SE APROPIÓ DEL NOMBRE DE <u>AMÉRICA</u> PARA DESIGNAR A SU PAÍS ?
¿ POR QUÉ SE LLAMA ESE PAÍS <u>ESTADOS UNIDOS DE AMÉRICA</u>, SI TODO EL CONTINENTE TIENE ESE NOMBRE Y TODOS LOS QUE EN ÉL VIVIMOS SOMOS <u>AMERICANOS</u> ?
¿ NO SERÁ QUE LOS GRINGOS, DESDE QUE SE INDEPENDIZARON, SOÑARON QUE SU PAÍS OCUPARÍA <u>TODO</u> EL CONTINENTE ?

(pues, casi...)

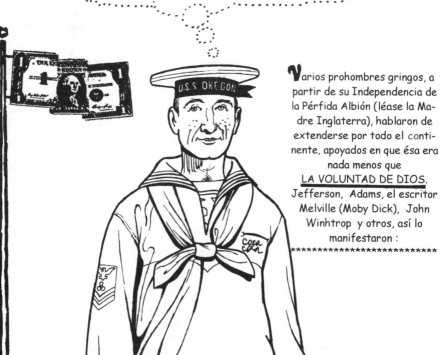

Varios prohombres gringos, a partir de su Independencia de la Pérfida Albión (léase la Madre Inglaterra), hablaron de extenderse por todo el continente, apoyados en que ésa era nada menos que <u>LA VOLUNTAD DE DIOS.</u>
Jefferson, Adams, el escritor Melville (Moby Dick), John Winhtrop y otros, así lo manifestaron :
****

"Nosotros los americanos somos el pueblo escogido, el Israel de nuestro tiempo, nosotros llevamos el Arca de las libertades del mundo. _Dios_ ha predestinado a nuestra raza, y así lo espera la Humanidad, para grandes cosas. Por demasiado tiempo hemos sido escépticos y hemos dudado de que el Mesías político haya llegado al mundo. Pero ya llegó y somos nosotros..."
Herman Melville

....

"...el continente americano ha sido reservado _por la Providencia_ para el amanecer de una nueva era, en la que los hombres echarían a la basura los viejos sistemas de Europa, para vivir a la luz de la igualdad y la razón..."

....

"_Dios_ reservó a América para aquellos a los que quiso salvar de la calamidad general, como una vez mandó el Arca para salvar a Noé..."

....

Y TODAVÍA, EN 1998, EL SE-
NADOR ALBERT BEVERIDGE
SOLTÓ ÉSTA :

*"Estados Unidos notificó a la
Humanidad desde su nacimiento: nosotros hemos venido para
redimir al mundo dándole libertad y justicia. Dios ha prepara-
do y ha marcado al pueblo americano, al pueblo teutónico y de
habla inglesa, para conducir finalmente la regeneración
del mundo..."*

YA NO LE DEN VUELTAS: ES LA
VOLUNTAD DE DIOS QUE ESTADOS
UNIDOS DOMINE AL MUNDO (VEAN
SUS BILLETES Y MONEDAS).

POR LO PRONTO, ANTES DE EXTENDERSE POR "SU" CONTINENTE (AMÉRICA) LOS
ESTADOS UNIDOS NECESITABAN HACERSE DE MÁS ESPACIO: ESTABAN
MUY CHIQUITOS, PESE A TODO LO QUE LES HABÍAN QUITADO A LOS INDIOS.

INGLATERRA

USA

FRANCIA

ESPAÑA

ESPAÑA

NORTE-
AMÉRICA
EN
1800

DAMN IT!
¡PERO YA TODO
LO TIENEN
APARTADO !

¿Para dónde diablos expandirse? Para el norte, imposible: Canadá era ya de Inglaterra, que seguía siendo la Gran Potencia.

LAS POSIBILIDADES ESTABAN EN EL SUR: ESPAÑA ESTABA EN GUERRA CON FRANCIA Y AMBAS DOS NO PODÍAN CUIDAR SUS ENORMES TERRITORIOS DE AMÉRICA... LLENOS DE INDIOS, TODAVÍA.

Poco a poco, "colonos" yanquis fueron invadiendo los territorios indios administrados por España, y en 1794, en lo que hoy es Alabama, explotó un movimiento "separatista" de los colonos gringos, pidiendo unirse a los Estados Unidos... España, imposibilitada de defenderse, "cedió" Alabama...

¡PERO LO QUE YO QUIERO ES LA LUISIANA!

FRANCIA HABÍA CEDIDO A ESPAÑA EN 1762 EL INMENSO TERRITORIO DE LOUISIANA, PERO DESEABA RECUPERARLO.

NAPOLEÓN QUERÍA RESTAURAR EL VASTO IMPERIO FRANCÉS Y CONVENCIÓ AL REY DE ESPAÑA DE REGRESARLE LOUISIANA, CON EL PRETEXTO DE QUE ESE TERRITORIO SERVIRÍA DE CONTENCIÓN A LAS AMBICIONES DE LOS GRINGOS DE EXPANDIRSE.

31

En 1800, Napoleón y Carlos IV firman en secreto el TRATADO DE SAN ILDEFONSO: Louisiana vuelve a Francia a cambio de un principado en Italia...y la condición de que Francia NO se la venda a los gringos.

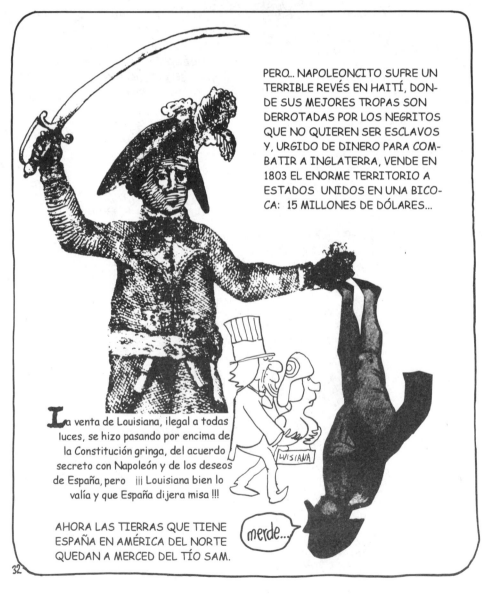

PERO... NAPOLEONCITO SUFRE UN TERRIBLE REVÉS EN HAITÍ, DONDE SUS MEJORES TROPAS SON DERROTADAS POR LOS NEGRITOS QUE NO QUIEREN SER ESCLAVOS Y, URGIDO DE DINERO PARA COMBATIR A INGLATERRA, VENDE EN 1803 EL ENORME TERRITORIO A ESTADOS UNIDOS EN UNA BICOCA: 15 MILLONES DE DÓLARES...

La venta de Louisiana, ilegal a todas luces, se hizo pasando por encima de la Constitución gringa, del acuerdo secreto con Napoleón y de los deseos de España, pero ¡¡¡ Louisiana bien lo valía y que España dijera misa !!!

AHORA LAS TIERRAS QUE TIENE ESPAÑA EN AMÉRICA DEL NORTE QUEDAN A MERCED DEL TÍO SAM.

LUISIANA

merde...

ESPAÑA ESTABA DEBILITADA POR PROBLEMAS INTERNOS, LO QUE APROVECHARON SUS COLONIAS EN AMÉRICA PARA BUSCAR LA INDEPENDENCIA.

(Y LO QUE VOY A APROVECHAR YO TAMBIÉN...A VER CON QUÉ ME QUEDO...)

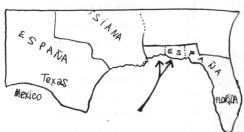

PRETEXTANDO QUE LA FLORIDA OCCIDENTAL (ver mapa) FORMABA PARTE DE LOUISIANA, TROPAS YANQUIS SE APODERARON ASÍ NOMÁS DE DOS PORCIONES EN 1810 Y 1813... ¡ FLORIDA ESTABA YA AL ALCANCE DE LA MANO DEL AMBICIOSO TÍO !

¡AGÁRRENSE QUE AI LES VOY !

En 1818, tropas yanquis se cuelan a la Florida, mientras España, en guerra con los insurgentes mexicanos, se ve imposibilitada de defenderla. Decide el Rey vender Florida a los gringos, antes que perderla gratis. PERO...

La Florida le salió <u>gratis</u> a los gringos, que nunca le pagaron a España ¡ni un dólar!

(alegando supuestas INDEMNIZACIONES.)

Jean Effel / Francia

Los Estados Unidos han sembrado de terror las más variadas regiones de la Tierra, mucho antes de que se vieran amenazados del mismo terror en su propio territorio el 11-S.
Noam Chomsky

EL CONTINENTE ENTERO QUEDABA A SU ENTERA DISPOSICIÓN...

Empezando por méxico, Juar, juar.

PERO...ANTES DE VER CÓMO SE QUEDÓ EL BUEN TÍO CON MÁS DE LA MITAD DE MÉXICO, VEAMOS PRIMERO UNA CRONOLOGÍA DEL EXPANSIONISMO GRINGO DESDE SU INDEPENDENCIA HASTA LO DE MÉXICO

Cronología del expansionismo gringo desde su Independencia en 1797
****

1798 / Guerra naval no declarada contra Francia, por la posesión de la isla de Santo Domingo, que acaba dividida en dos partes: Haití y la República Dominicana.

....

1801 / Tropas gringas comandadas por el agente William Eaton intervienen en Trípoli para liberar a la tripulación del buque *Filadelfia*.

....

1803 / Para apoderarse de la enorme Louisiana, Estados Unidos le declara la guerra a Napoleón que, imposibilitado de defenderla, la cede por 15 millones de dlls.

....

1806 / Tropas gringas dirigidas por el cap. Z.M.Pike invaden territorio de la Nueva España en la desembocadura del Río Bravo. Ese mismo año, tropas gringas dirigidas por el cap. Z.M.Pike invaden Colorado (posesión española) y levantan un fuerte.

....

1810 / Alegando que la Florida norte forma parte de Louisiana, tropas gringas invaden su territorio y fijan arbitrariamente como frontera el Río Perla. España, metida en guerra con los insurgentes mexicanos, se resigna a perder enorme territorio.

....

1812 / Tropas de USA ocupan la isla Amelia y otros territorios de Florida con autorización del presidente Madison.
        Ataques navales a Trípoli y Túnez.

....

1813 / Con autorización del Congreso, el gral. Wilkinson ocupa Mobile Bay.

....

1814 / Andrew Jackson, aprovechando que España está en guerra con Estados Unidos por Cuba, toma por la fuerza Pensacola en la todavía Florida española.
        Estados Unidos construye arbitrariamente un fuerte en las Islas Marquesas (Nuhakiva) dizque para proteger a los barcos gringos.

....

1815 / Expedición militar contra Argel por el gral. Decatour para cobrar presuntas indemnizaciones de ciudadanos gringos.
        Expediciones militares contra Trípoli y Túnez por el mismo general para cobrar más indemnizaciones.

....

1816 / El gral. Andrew Jackson inicia una guerra de exterminio contra los indios seminoles para apoderarse de sus tierras.

.... **35**

1818 / USA se apodera de Oregon, inmenso territorio que se disputaban Rusia y España, con el pretexto de colonizarlo. Posteriormente, en 1846, Oregon quedaría incorporado oficialmente a los USA "a petición de los colonos".

EN OREGON ESTRENARÍAN LA NUEVA TÁCTICA EXPANSIONISTA: PRIMERO LLENAR UN TERRITORIO CON COLONOS, Y LUEGO HACER QUE ESOS COLONOS PIDIERAN SER "ANEXADOS" A LA UNIÓN AMERICANA...

(ASÍ LE HICIERON CON TEXAS.)

'What? You young Yankee-Noodle, strike your own father?',
a Punch cartoon during the Oregon dispute of 1844-6.

1838 / Invasión de la isla de Sumatra para "castigar" a nativos que atacaron a unos marineros gringos.

1841 / Invasiones a las islas Fidji, Samoa, Drummond y Upolu para proteger los intereses de comerciantes gringos.

1842 / El comodoro Jones ataca el poblado de Monterey, en California, creyendo que ya estaba en marcha la guerra contra México. El ataque demuestra que desde ese año los gringos habían decidido apoderarse de California...

1843 / Expedición punitiva contra Cantón, China.
        Cuatro barcos gringos desembarcan en África (Costa de Marfil) dizque para proteger intereses de ciudadanos yanquis.

1845 / SE INICIA LA GUERRA CONTRA MÉXICO, "INCIDENTE" QUE MERECE UNA BUENA EXPLICACIÓN POR PARTE DEL LIBRO Y SU AUTOR, COMO QUE FORMA PARTE DEL PRÓXIMO CAPÍTULO. (Acabando la guerra sigue la cronología expansionista y terrorista del Tío Sam, no tengan cuidado...)

AMÉRICA para los AMERICANOS
(del Norte, claro.)

¿ Y a poco los Mexicanos no somos norteamericanos ?

LA DOCTRINA MONROE

Aunque inventada por el ministro del Exterior, Quincy Adams, se le ha llamado "Doctrina Monroe" por haber sido hecha durante el gobierno de James Monroe (1817-1821 y 1821-1825). Parte del texto dice así: "..en adelante, los dos continentes americanos... _no_ deben ser considerados como territorios donde potencias europeas puedan establecer colonias " Y añadía: "los Estados Unidos consideran peligroso _para su paz y su seguridad_ cualquier tentativa de las potencias europeas para implantar su criterio de gobierno en cualquier parte del hemisferio y toda intervención de cualquier potencia europea, con el fin de oprimir pueblos que han logrado su independencia..."

John Bull

USA 22   USA 22

Los gringos no querían que las potencias europeas se metieran en "su" territorio, que querían para ellos solitos.

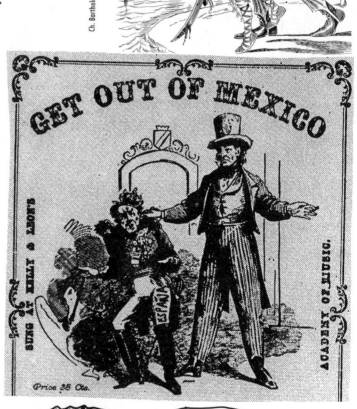

Ch. Bartholomew / USA

GET OUT OF MEXICO

ACADEMY OF MUSIC

SING IT KELLY & LEON'S

Price 35 Cts.

En resumen, la tal Doctrina Monroe se condensa en esta frase: AMÉRICA PARA LOS AMERICANOS.

Y quería decir en aquel tiempo que el Continente Americano debía ser para los americanos, o sea para los que vivimos en todo el continente americano, en norte, Centro y Sudamérica, NO SÓLO PARA LOS GRINGOS.

Pero los aprovechados gringos lo han interpretado (cuando les conviene) como un continente en exclusiva para ellos, los norteamerigringos.

SIMÓN BOLIVAR, al conocer los textos de la DOCTRINA MONROE, exclamó asustado: *"LOS ESTADOS UNIDOS PARECEN DESTINADOS POR LA PROVIDENCIA PARA PLAGAR LA AMÉRICA DE MISERIAS A NOMBRE DE LA LIBERTAD."* (Y bien que le atinó...)

¿ Por qué entonces los gringos no ayudaron a las colonias españolas de América en sus luchas por su independencia ?

38

LA GUERRA CON MÉXICO, O EL QUE CHINGÓ, CHINGÓ...

****

tras apoderarse por la fuerza o por transa-acciones de Alabama, Louisiana y la Florida, los gringos decidieron quedarse con Tejas, que ya entonces era parte de México. Utilizando la misma táctica empleada en Alabama, empezaron a colar cientos de "colonos" -con permiso de México, que sólo les exigía (imagínese) que fueran *católicos*-para después promover la ANEXIÓN a los Estados Unidos. Como México se opuso a que Tejas se fuera, Estados Unidos apoyó con armas, tropas y dinero a los colonos, y le declaró la guerra a México. Derrotado Santa Anna, "cedió" Tejas que, constituida en república, pidió "anexarse" a USA...

¿ CÓMO QUE ANEXARTE A TEJAS ? SI LO HACÉS, ME VOY A ENOJAR MUCHO...

Obviamente, México no estaba muy contento de haber perdido Tejas, y menos, de que la nueva dizque república se anexara a los USA, por lo que en 1845, tras pasar Tejas a ser parte de los United States, el gobierno mexicano declaró que consideraba la anexión como causa de guerra. ¡Nomás calculen !

¿ Y MR. POINSETT ?

ESTADOS UNIDOS VIO ENTONCES LA GRANDIOSA OPORTUNIDAD QUE SE LE PRESENTABA Y EL 11 DE MAYO DE 1846 DECLARÓ LA GUERRA A MÉXICO, INICIANDO INMEDIATADE- LASMADRESMENTE LA INVASIÓN DEL INDEFENSO PERO RICO PAÍS QUE LA PROVIDENCIA LE DABA...

USA 22 — James K. Polk 1845-1849

USA 22 — Zachary Taylor 1849-1850

¡AHÍ VAMOS KUWAIT, DIGO IRAK!

México no tenía entonces (ni hoy) ejército, armas, ni dinero. El clero, los ricos y la derecha conservadora, se negaron a apoyar al gobierno, mientras las tropas yanquis avanzaban alegremente y sin disparar un tiro llegaban a las puertas de la ciudad de México. 14,000 soldados gringos invadieron la ciudad, mientras el ejército mexicano se rendía incondicionalmente al invasor.

cuidado con la retaguardia.

¡GRINGAS SÍ, YANQUIS NO!..

LOS HISTORIADORES GRINGOS NO MENCIONAN PARA NADA A LOS "NIÑOS HÉROES", QUIZÁS PORQUE NO EXISTIERON Y FUERON UN PIADOSO INVENTO OFICIAL PARA HACER MÁS LLEVADERO EL RIDÍCULO FRACASO DE NUESTROS GENERALES ELEGANTEMENTE VESTIDOS, DETALLE QUE SÍ MENCIONAN LOS HISTORIADORES NORTEAMERICANOS.

Tras rendirse el ejército mexicano al invasor yanqui, la ciudad quedó a merced de la soldadesca gringa, por lo que la sociedad civil chilanga se hizo cargo de la situación y los capitalinos se *CARGARON* a 2,073 invasores. Fueron las mayores bajas del ejército-yanqui en la guerra con México.

SI ALGÚN DÍA SE MUERE, MI GENERAL.... ¿ME DEJA SU SOMBRERO?

Esto dice la HISTORIA MILITAR DE LOS USA ("THE POWER AND THE GLORY"):

In 1847, in a defining moment for the Army, Scott's forces pushed into Mexico to confront the larger foe. They won battles at Veracruz, Cerro Gordo, Contreras, Churubusco (above, on August 20), Molino del Rey and Chapultepec. Then they captured Mexico City. "We conquered a great country," Scott reported succinctly, "without the loss of a single battle or skirmish."

¿ Y MR. POINSETT ?

TRADUCCIÓN: "conquistamos un país enorme", REPORTÓ SCOTT, "sin perder una sola batalla o escaramuza".

(EDICIONES LIFE)

41

MÉXICO SE VIO ASÍ OBLIGADO A CEDER MÁS DE LA MITAD DE SU TERRITORIO AL BUEN VECINO: DOS MILLONES CUATROCIENTOS MIL KILÓMETROS CUADRADOS, A CAMBIO DE 15 MILLONES DE PESOS...

A México le robaron *nada más* California, Utah, Texas, Nevada, Arizona, Nuevo México, y parte de Colorado y Wyoming (lindo botín de guerra).

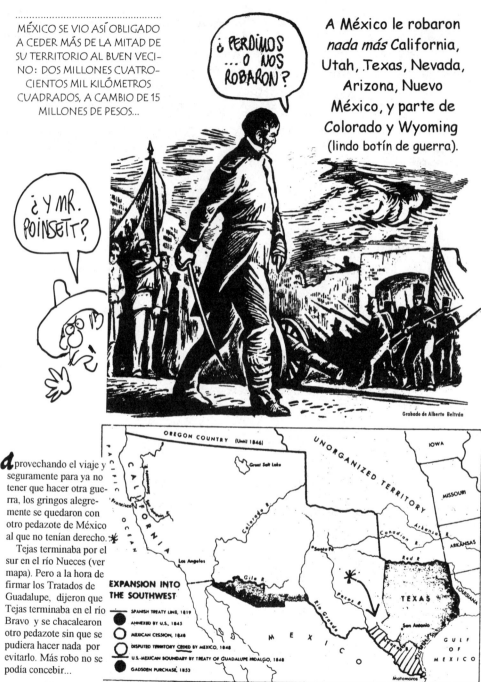

Grabado de Alberto Beltrán

*a*provechando el viaje y seguramente para ya no tener que hacer otra guerra, los gringos alegremente se quedaron con otro pedazote de México al que no tenían derecho.

Tejas terminaba por el sur en el río Nueces (ver mapa). Pero a la hora de firmar los Tratados de Guadalupe, dijeron que Tejas terminaba en el río Bravo y se chacalearon otro pedazote sin que se pudiera hacer nada por evitarlo. Más robo no se podía concebir...

42 → (Mapa de libro de texto escolar usado hoy en Estados Unidos.)

HOY, TODO MUNDO SABE QUE ERA INEVITABLE LA
PÉRDIDA DE MEDIO PAÍS ANTE LA RAPACIDAD DEL
VECINO YANQUI. TARDE O TEMPRANO, EL DESTINO
DE VIVIR TAN LEJOS DE DIOS Y TAN CERCA DE LOS
ESTADOS UNIDOS, HUBIERA PROVOCADO UNA GUE-
RRA, QUIZÁ PEOR QUE LA QUE TUVIMOS Y QUE
HASTA NOS HUBIERA COSTADO MÁS.
LOS GRINGOS SE APROVECHARON DE NUESTRAS
DEBILIDADES –QUE PERSISTEN HASTA NUESTROS DÍAS–
Y TRANQUILAMENTE SE QUEDARON CON MÁS DE LA
MITAD DEL ENORME TERRITORIO QUE ESPAÑA NOS
HABÍA DEJADO Y QUE NO PUDIMOS DEFENDER.
HOY, MILLONES DE MEXICANOS, POBRES E INDOCU-
MENTADOS, ESTÁN POBLANDO PACÍFICAMENTE LOS
TERRITORIOS PERDIDOS ALLENDE EL BRAVO, Y NADA
RARO SERÍA QUE ALGÚN SIGLO DE ÉSTOS VOLVIERAN
A SER MEXICANOS, CON TODO Y GRINGAS...

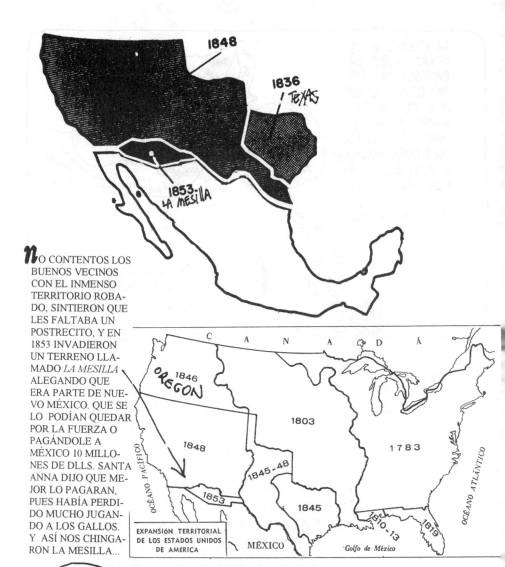

𝓃O CONTENTOS LOS BUENOS VECINOS CON EL INMENSO TERRITORIO ROBADO, SINTIERON QUE LES FALTABA UN POSTRECITO, Y EN 1853 INVADIERON UN TERRENO LLAMADO *LA MESILLA* ALEGANDO QUE ERA PARTE DE NUEVO MÉXICO. QUE SE LO PODÍAN QUEDAR POR LA FUERZA O PAGÁNDOLE A MÉXICO 10 MILLONES DE DLLS. SANTA ANNA DIJO QUE MEJOR LO PAGARAN, PUES HABÍA PERDIDO MUCHO JUGANDO A LOS GALLOS. Y ASÍ NOS CHINGARON LA MESILLA...

Oregon no le costó ni un *dime* a los gringos: se lo *incorporaron* tranquilamente en 1846 dizque "por voluntad de sus habitantes".

¿Y MR. POINSETT?

UY: OJO CON CANCÚN, ENTONCES...

...Y LOS CABOS, ACAPULCO Y PUERTO VALLARTA...

44

POINSETT, EL PADRE PUTATIVO DE LA *CIA*

Joel R. Poinsett llegó a México por primera vez el 19 de octubre de 1822, siendo gobernante Agustín de Iturbide, autollamado emperador de México. Poinsett NO venía con ningún nombramiento oficial, NO era cónsul ni embajador, ni tenía ningún puesto en el gobierno de los Estados Unidos. Había sido cónsul de los USA en Chile y Argentina, pero en ése, su primer viaje a México, NO TRAÍA NINGUNA REPRESENTACIÓN DE SU GOBIERNO. Y sin embargo, fue recibido por el emperador; el gral. Santa Anna, jefe de la guarnición del puerto de Veracruz, le organizó una cena, se movió activamente en los medios políticos opuestos al emperador, se relacionó con el embajador inglés, tuvo tratos con la jerarquía eclesiástica y, 45 días más tarde, regresó a los USA vía Tampico. Historiadores de México y los USA han concluido por designar a Poinsett en ése, su primer viaje, como *agente confidencial*. Es decir, una especie de espía, con amplios poderes.

....

¿ A QUÉ DIABLOS VINO JOEL R. POINSETT A MÉXICO EN 1822 ?

....

Entérese el lector de lo que pasó en México cuando se fue mister Poinsett el 21 de diciembre y saque sus conclusiones:

EN ESE MISMO MES DE DICIEMBRE DE 1822, SANTA ANNA, JUNTO CON VICENTE GUERRERO Y NICOLÁS BRAVO, SE LEVANTAN EN ARMAS VS. ITURBIDE.

En sus escritos, Poinsett se manifiesta contrario a Iturbide, por no haber aceptado establecer en México un sistema de gobierno republicano como el de los USA. (Y la misión que lo traía a nuestro país era ésa, precisamente: promover unaRepública Mexicana que simpatizara con los USA...)
Iturbide, en cambio, estableció una *monarquía* con apoyo inglés, lo que le valió su caída, organizada por Poinsett y financiada por los Estados Unidos.
A eso vino el agente confidencial: a tirar a Iturbide que, obligado a renunciar, fue desterrado a Europa y condenado a muerte si pisaba suelo mexicano. (Cosa que hizo el *emperador pirrurris* sin saber de la condena, siendo fusilado el 19 de julio de 1824... en Tampico.)

46

LA SEGUNDA VENIDA DE POINSETT : 1825

El ya famoso Poinsett fue el primer embajador gringo en México y llegó a nuestro país siendo presidente Guadalupe Victoria con el título de ministro plenipotenciario de los Estados Unidos de América, ¿qué instrucciones traía?
Fundamentalmente dos:
1/ PROMOVER CON EL GOBIERNO MEXICANO EL ESTABLECIMIENTO DE NUEVOS LÍMITES FRONTERIZOS "MÁS LÓGICOS", y
2/ DARLE A CONOCER AL GOBIERNO MEXICANO LA "DOCTRINA MONROE"
(América para los americanos).
En la segunda tuvo éxito, en la primera fracasó diatiro...

México no necesitaba ni quería fijar nuevas fronteras, pues estaba de acuerdo con las establecidas en 1819 entre España y los USA, según el Tratado de Onís. México tenía un canciller que se llamaba LUCAS ALAMÁN, que no simpatizó para nada con el diplomático gringo y le hizo saber que México no estaba dispuesto a cambiar sus fronteras, ni a vender Texas a los USA, como propuso más tarde mr. Poinsett.
Curiosísimamente, meses más tarde, el presidente Victoria le pide a don Lucas su renuncia...

¿Y DE LA MASONERÍA NO VAN A DECIR NADA?

46

LA LOGIA YORKINA

En México no había partidos políticos. La política se hacía en los cuarteles militares, en las iglesias y en la logia masónica. Poinsett, descaradamente, establece una nueva logia, la yorkina, para oponerla a la del rito Escocés, conservadora y apoyada por Inglaterra.

En las logias, más que política, se intriga contra la Iglesia, la institución más poderosa de aquel entonces. En la logia de Poinsett dejan entrar a los militares y políticos que simpatizan con Estados Unidos. Santa Anna, Lorenzo de Zavala, Vicente Guerrero, Ramos Arizpe, Alpuche y J.Mejía, entre otros, son los cabecillas de las primeras logias yorkinas. Su trabajo es conspirar contra el gobierno, cuando no coincide con sus intereses y negocios.

En la logia, como ocurrió más tarde en los partidos políticos, se alistan todos los que quieren vivir del erario, los que quieren ser diputados, los que querían hacer fortuna sin trabajar, generales ambiciosos de poder, todos los pretendientes de empleos públicos, los vividores, en una palabra: *la clase política*. Así, por medio de la poderosa y pro-USA logia yorkina, mister Poinsett se metió hasta la cocina en la política interna mexicana.

Lo que el sagaz Poinsett no pudo lograr en su intento de comprar Texas, lo lograron, -sin gastar un dólar- los yorkinos Lorenzo de Zavala, Gómez Farías y Santa Anna.

Compró conciencias, se hizo amigo íntimo de Santa Anna y Lorenzo de Zavala, considerados como los dos mayores traidores que ha tenido México, cohechó diputados, intrigó para tirar a ministros y funcionarios que no simpatizaban con los USA, y en el colmo de lo metiche, trató de fundar un Partido Americano que controlara la Cámara a favor de los Estados Unidos...
O SEA, LO QUE CUALQUIER BUEN AGENTE DE LA CIA LLEVA A CABO HOY EN DÍA.

ANTONIO LÓPEZ DE SANTA ANNA, EL DICTADOR QUE REGALÓ MEDIO PAÍS, Y LORENZO DE ZAVALA, QUE SE CONVIRTIÓ EN EL VICEPRESIDENTE DE LA REPÚBLICA DE TEXAS, FUERON AMIGOS ÍNTIMOS DE JOEL R. POINSETT Y SU MÁXIMO LOGRO COMO DIPLOMÁTICO. ¿PUEDE PEDIRSE MÁS ÉXITO ?

LOS CINCO AÑOS QUE VIVIÓ EN MÉXICO POINSETT (DE 1825 A 1830) FUERON DECISIVOS EN LA POSTERIOR PÉRDIDA DE LA MITAD DE MÉXICO.
POINSETT SE DIO CUENTA DE LAS DEBILIDADES Y EL ESTADO DE CORRUPCIÓN DEL GOBIERNO Y EL EJÉRCITO MEXICANOS, Y TRASMITIÓ ESA INFORMACIÓN A SU GOBIERNO, ASEGURÁNDOLE COMPLETO ÉXITO SI ATACABA A MÉXICO PARA DESPOJARLO DE TEXAS..
PARA EMPEZAR.
GRACIAS A SUS INTRIGAS, HIZO A UN LADO A DON LUCAS ALAMÁN, QUIZÁS EL ÚNICO MEXICANO QUE TENÍA IDEAS CLARAS Y PATRIÓTICAS DE CÓMO DEFENDER TEXAS Y LOS ENORMES TERRITORIOS QUE NOS ROBARON LOS GRINGOS.
POINSETT ORGANIZÓ TAMBIÉN EL "MOTÍN DE LA ACORDADA", LA DESTRUCCIÓN Y SAQUEO DEL *PARIÁN*, EL GIGANTESCO CENTRO COMERCIAL QUE MANEJABAN LOS COMERCIANTES ESPAÑOLES, QUE SE CONVIRTIÓ DE HECHO EN EL GOLPE DE ESTADO QUE LLEVÓ A VICENTE GUERRERO, AMIGO DE POINSETT, A LA PRESIDENCIA DEL PAÍS.

¡ QUÉ EFICIENCIA LA DE MR. POINSETT ! ES INCREÍBLE QUE EN LOS ESTADOS UNIDOS NO LE HAYAN LEVANTADO NINGÚN MONUMENTO COMO PADRE DEL TERRORISMO DE ESTADO...

47

TERRORISMO DE ESTADO QUE LOS USA SEGUÍAN EN MEDIO MUNDO:

1851 / Expedición punitiva contra la ciudad de Smirna, Turquía.
  • Ocupación de la Isla Johanna (East Afrika) para defender a un capitán ebrio que no quería pagar unas cuentas.

1852 / Desembarco y ocupación de Buenos Aires, Argentina, para "proteger" sagrados intereses gringos.

1853 / Dos invasiones seguidas a Nicaragua para proteger intereses.
  • Expedición del Almirante Perry contra Japón para que se abra al comercio.

PERRY LANDING IN JAPAN

1854 / Perry ocupa con toda su flota las islas Ryuku para "convencer" e impresionar al emperador japonés, que cede y concede la isla de Okinawa como base naval gringa.
  • La flota gringa ocupa Shanghai en China para proteger intereses.
  • Invasión y destrucción de San Juan del Norte, en Nicaragua, por haber insultado alguien al excelentísimo embajador de los USA.

1855 / Ocupación militar de Hong-Kong y Shanghai para proteger intereses.
  Ocupación de Montevideo, Uruguay, por lo mismo.
  Ocupación de nuevo de las islas Fidji.

1856 / Ocupación militar de Nueva Granada en el departamento de Panamá, Colombia

1857 / El filibustero yanqui, William Walker, financiado por los esclavistas del Sur, inicia la guerra en Centroamérica para "crear" repúblicas libres en Costa Rica, Honduras, Nicaraguu y El Salvador. Merece un recuadro especial. Búsquelo aquí cerquita.

Una de las "preocupaciones" que movieron más a Estados Unidos para intervenir en los países centroamericanos -Guatemala, Honduras, El Salvador, Nicaragua, Costa Rica y ~~Panamá~~- fue el tratar de evitar a toda costa que se formara en la región una UNIÓN CENTROAMERICANA que hubiera sido fatal para los intereses económicos de Estados Unidos.

WILLIAM WALKER, Presidente de Nicaragua

....

A mediados del siglo XIX un mercenario yanqui, William Walker, logró el apoyo de los banqueros gringos Morgan, Garrison y Vanderbilt, para organizar un ejército de mercenarios y filibusteros para obtener territorios en donde se pudieran hacer repúblicas "libres" bajo el dominio de los Estados Unidos. Partiendo de San Francisco, la "falange americana de los inmortales", como se hacían llamar, invadieron en 1853 Baja California, donde Walker se autonombró "presidente de la República de Sonora y Baja California". Expulsados al poco tiempo, se dirigieron a Centro América, invadiendo Honduras, Nicaragua y El Salvador, tratando de implantar en ellos un régimen esclavista. Fue presidente de Nicaragua un tiempo, ejecutando al gral. Ponciano Corral por oponerse a su "gobierno", que en el fondo lo que buscaba era apoderarse de Centroamérica para la futura construcción de un canal interoceánico. Estados Unidos, curiosamente, fue el único país que reconoció su "gobierno". Finalmente, fue derrotado en 1858 y salió de Nicaragua rumbo a Nueva Orleans, donde fue recibido como un héroe. Consiguió más dinero y hombres, regresando a las islas de la Bahía y Trujillo en 1960, donde fue capturado por los ingleses. Quizá lo hubieran protegido, si se hubiera declarado ciudadano norteamericano, pero se declaró presidente depuesto de Nicaragua, por lo que los ingleses lo entregaron a Honduras donde, sin más trámites, lo fusilaron.

Con pistoleros disfrazados de soldados, agentes disfrazados de misioneros y ladrones vestidos de banqueros, los Estados Unidos siguieron invadiendo toda Centroamérica, para apoderarse de sus riquezas sin disparar un solo tiro. La fórmula era el control de los gobernantes comprados en dólares.

WALKER SERÍA EL PRECURSOR DE LOS TALES "BOINAS VERDES"...

E. Sorel / N:Y:Times

TRAS LA GRAN COMILONA PERPETRADA POR EL TÍO SAM A COSTA DE MÉXICO, EL CONTINENTE ENTERO TEMBLÓ DE MIEDO... ¿HASTA DÓNDE IBA A LLEGAR LA EXPANSIÓN DEL NUEVO IMPERIO? ¿HASTA DÓNDE IBAN A LLEGAR LOS ESTADOS UNIDOS DE AMÉRICA, SI LA AMÉRICA SE ACABABA EN LA PATAGONIA?

POR FORTUNA PARA AMÉRICA LATINA, EL TÍO SAM TUVO PROBLEMAS INTESTINALES INTERNOS Y POR ALGUNOS AÑOS SE VIO MUY OCUPADO CON UNA TREMENDA **GUERRA CIVIL** QUE HIZO SUSPIRAR A SUS VECINOS UNOS AÑOS DE PAZ Y TRANQUILIDAD...

The Pictorial Batlles of the Civil War, 1885

...y sigue la alegre práctica del terrorismo de estado, llamada también *the big stick* o el gran garrote norteameriyanqui:

1858/ Barcos de guerra ocupan Montevideo, Uruguay, para proteger yanquis.
   *Invasión de las islas Fidji.

1859 / Ocupación de la ciudad turca de Jaffa.
   * Ataque a Paraguay en el río Paraná.
   * Dos mil soldados yanquis cruzan el río Bravo persiguiendo a un bandi-
      do de apellido Cortina, cerca de Matamoros.
   * Tropas yanquis ocupan por enésima vez la ciudad china de Shanghai.

1860/ Ocupación de la bahía de Panamá, departamento de Colombia, alegando
      defensa de intereses norteamericanos.
   * Invasión de Honduras y El Salvador. Tropas yanquis ocupan la isla
      Swan en Honduras, que regresarán hasta 1972.

1863 / Ataques en Shimonoseki y Yedo (Japón) para presionar al Príncipe
      Nagato y obtener concesiones y bases navales.

1865 / Ocupación del departamento colombiano de Panamá en defensa de
      Intereses en peligro.
   * Tropas yanquis de despliegan en la frontera con México tratando de
      presionar al emperador Maximiliano a salir del país.

1866 / Expediciones armadas en China para "castigar" ataques a gringos.
   * Tropas yanquis al mando del gral. Sedwick invaden Matamoros, Méx.

1867 / Destacamentos de *marines* ocupan León y Managua, Nicaragua.
   * Tropas yanquis ocupan la isla de Formosa, en China.
   * Presionada, Rusia vende Alaska a los USA por $ 7,200,000.00

1868 / Marines yanquis ocupan las ciudades japonesas de Osaka, Nagasaki,
      Hiogo, Yokohama y Nagata, "para proteger intereses".
   * Enésima ocupación militar de Montevideo, Uruguay.
   * Ataques a la costa colombiana.

1870 / Expedición militar contra el barco pirata *Fordward* en el río Tecpan,
      en Guerrero, México.
   * Ataques de barcos de guerra a la isla de Hawaii.
   * Enésima ocupación militar de Montevideo, Uruguay.
   * Ataques a costas colombianas.

1871 / Nueva invasión a la República Dominicana exigiendo indemnizaciones.
   * Expedición contra Corea.

¿QUÉ DIABLOS BUSCABAN LOS GRINGOS EN AMÉRICA CENTRAL?

En el siglo XIX los USA llevaron a cabo en Centroamérica más de 80 intervenciones militares, organizaron 43 golpes de estado, ocuparon países durante varios años, pusieron y quitaron presidentes y hasta se dieron el lujo de tener uno gringo en la silla presidencial de Nicaragua (William Walker). Siempre quisieron apoderarse de toda Centroamérica, por las enormes riquezas agrícolas (bananas, café, piña, etc.) y las fabulosas riquezas minerales. El canal fue otra de las causas que motivaron el interés gringo por quedarse con la riquísima región, cosa que lograron mediante el control de los gobernantes militares, como se verá al ratito...)

TERMINADA LA GUERRA CIVIL CON EL TRIUNFO DEL NORTE (LOS YANQUIS), DE LOS QUE NO QUERÍAN LA ESCLAVITUD, LOS NEGROS PENSARON QUE YA SERÍAN RECONOCIDOS COMO *CIUDADANOS DE LOS ESTADOS UNIDOS*, PERO, ¡OH DECEPCIÓN!, SÓLO LOS RECONOCIERON A LA HORA DE PAGAR SUS IMPUESTOS E IR A LA GUERRA "EN DEFENSA DE LA PATRIA"...

EL TRATO QUE LES HAN DADO DESDE ENTONCES, NO HABLA MUY BIEN QUE DIGAMOS, DE LA SUPUESTA "DEMOCRACIA" QUE –DICEN– HAY EN USA.

....

¿ Y QUÉ SERÍA DEL DEPORTE Y LA MÚSICA GRINGA SIN LOS NEGROS, SEÑOR MÍO ?

....

TERMINADA LA GUERRA CIVIL, EL TÍO SAM SE DEDICÓ A ORDENAR UN POCO EL PAISOTE QUE SE HABÍA ROBADO Y BUSCAR MÁS.

Y EL TÍO DIRIGIÓ LA VISTA A OTRAS TIERRITAS QUE LE LLAMABAN LA ATENCIÓN POR ESTAR LLENAS DE PROTEÍNAS Y MINERALES, QUE IBAN BIEN PARA SU GLOTONERÍA, TIERRAS QUE SE UBICABAN EN "SU" MAR CARIBE, EN EL PATIO TRASERO DE CASA.

¡ EL CARIBE ES NUESTRO MAR MEDITERRÁNEO !

1941

1948

1873 / Tropas yanquis cruzan la frontera con México buscando "bandidos".

....

1874 / Nueva ocupación de Hawaii.

....

1876 / Tropas yanquis ocupan Matamoros, México, e imponen autoridades.

....

1881 / Marines yanquis combaten al lado de tropas peruanas en su guerra
con Chile por territorios en disputa.

....

1882 / Expedición contra Egipto exigiendo indemnizaciones.

....

1885 / Ocupación de Guatemala para derrocar (y matar) al presidente Rufi-
no Barrios, por promover una Unión de Centroamérica.

....

1894 / Flota naval bloquea Rio de Janeiro y permanece todo el año.

....

1898 / CUBA Y PUERTO RICO: 2 x 1 gran oferta.

(Como el tema lo amerita, lo vamos a tocar con más amplitud, caballero.)

....

Desde siempre, Estados Unidos le echó el ojo a Cuba. Llave del Golfo
de México y rica Isla pletórica de azúcar, ron, frutas, zinc y manganeso,
el tío Sam decidió quitársela a España e impedir la Independencia de la
isla mayor de las Antillas. Ésta es la historia abreviada de cómo se apoderó de Cuba... hasta que llegaron los barbudos del Ché y Fidel Castro...

Fitzpatrick / USA

"VIVÍ EN EL MONSTRUO
Y LE CONOZCO LAS ENTRAÑAS.
ESTOY TODOS LOS DÍAS EN PELI-
GRO DE DAR MI VIDA POR MI PAÍS
Y POR IMPEDIR A TIEMPO, CON
LA INDEPENDENCIA DE CUBA,
QUE SE EXTIENDAN POR LAS AN-
TILLAS LOS ESTADOS UNIDOS Y
CAIGAN
SOBRE NUESTRAS TIERRAS
DE AMÉRICA..."

José Martí,
Héroe de la Independencia
de Cuba.

53

****
EL DESTINO MANIFIESTO
****

AL FRENTE DEL NEGOCIO ESTABA UN AUDAZ PRESIDENTE, GRAN CAZADOR DE OSOS Y BÚFALOS QUE SE LLAMÓ TEODORO ROOSEVELT.

DEBILITADA ESPAÑA POR LA PÉRDIDA DE SU ENORME IMPERIO, DEL IMPERIO *"DONDE NUNCA SE PONÍA EL SOL"*, EL TÍO SAM DECIDIÓ APODERARSE DE LOS RESTOS DEL IMPERIO ESPAÑOL, INVOCANDO AHORA EL *SLOGAN* QUE MISTER ROOSEVELT (EL MALO) HABÍA CREADO PARA SUSTITUIR LO DE *AMÉRICA PARA LOS AMERICANOS*: *EL DESTINO MANIFIESTO...*

Los restos del Imperio Español eran puras islas : Puerto Rico, las Islas Vírgenes, Cuba y Filipinas, todas riquísimas en proteínas y minerales. Declarándole la guerra a España, conseguirían todas las islas que les faltaban para tener dónde ir de vacaciones con *biutiful and calientes señoritas.*

Espero no incluyan a mis sobrinas.

Su Majestad, doña Victoria Eugenia, Reina de España

PERO... PARA DECLARARLE A ESPAÑA LA GUERRA, NECESITABA EL BUEN TÍO UN BUEN PRETEXTO, QUE ROOSEVELT ENCONTRÓ RÁPIDAMENTE: ~~LAS TORRES GEMELAS~~... ¡PERDÓN!, EL ACORAZADO *MAINE*, CONVENIENTEMENTE ANCLADO FRENTE A LA HABANA, CUBA.

The SPLENDID LITTLE WAR

THE DRAMATIC STORY OF THE SPANISH-AMERICAN WAR

When the battleship *Maine* was destroyed by an explosion in the harbor of Havana, the "yellow press" ran such headlines as these to convince the public that the Spaniards had done it.

0,000 REWARD.—WHO DESTROYED THE MAINE?—$50,000 REW

NEW YORK JOURNAL
AND ADVERTISER. FIRST EDITION.

NO. 5,072. NEW YORK, THURSDAY, FEBRUARY 17, 1898.—16 PAGES. PRICE ONE CENT

DESTRUCTION OF THE WAR SHIP MAINE WAS THE WORK OF AN ENI

$50,000!
$50,000 REWARD!
For the Detection of the Perpetrator of the Maine Outrage!

Assistant Secretary Roosevelt Convinced the Explosion of the War Ship Was Not an Accident.

The Journal Offers $50,000 Reward for the Conviction of the Criminals Who Sent 258 American Sailors to Their Death. Naval Officers Unanimous That the Ship Was Destroyed on Purpose.

$50,000!
$50,000 REWA
For the Detection of Perpetrator of the Maine Outrage!

CUBA

NAVAL OFFICERS THINK THE MAINE WAS DESTROYED BY A SPANISH MINE.

n Mine or a Sunken Torpedo Believed to Have Been the Weapon Used Against the American Man-of-War---Off and Men Tell Thrilling Stories of Being Blown Into the Air Amid a Mass of Shattered Steel and Exploding Shells---Survivors Brought to Key West Scout the Idea of Accident---Spanish Officials Protest Too Much---Our Cabinet Orders a Searching Inquiry---Journal Sends to Havana to Report Upon the Condition of the Wreck. Anchored Over a M

This Style of Plaster Will Cure All Their Wounds
Thomas May, *Detroit Journal*, 1899.

DECLARADA LA GUERRA A ESPAÑA, ESTADOS UNIDOS ARMÓ Y FINANCIÓ A LOS "INSURGENTES" CUBANOS PARA ENFRENTARLOS A LAS TROPAS ESPAÑOLAS... Y **MANDÓ** AL FRENTE DE LAS SUYAS A TEODORITO ROOSEVELT QUE GANÓ <u>UNA</u> SOLA BATALLA.

la buena: la de la foto para el periódico de Hearst.

DERROTADA ESPAÑA, EL TÍO SE QUEDÓ CON TODAS LAS RICAS ISLAS... PERO CURIOSA-MENTE, <u>NO SE LAS ANEXÓ</u>...

EL TÍO SAM HABÍA DESCUBIER-
TO UN NUEVO MÉTODO PARA
HACERSE DE UN PAÍS SIN
ANEXÁRSELO:

Controlando su
ECONOMÍA no
haría falta que se
lo ANEXARA.

Sólo se necesitaba apoderarse de
sus riquezas, controlar (previo pago, claro) a sus gobernantes con
todo y ejército & policía, que a su
vez controlarían convenientemente a la población...

EL
SERRUCHO
DE LOS
CHIVOS

ENMIENDA PLATT U.S.A.

INTERVENCIÓN

ES DECIR, EL TÍO SAM PONDRÍA
GERENTES ADMINISTRATIVOS
LLAMADOS "PRESIDENTES",
QUE HARÍAN POR ÉL TODO EL
TRABAJO SUCIO...

Y LOS MEJORES PRESIDENTES
QUE PODÍA HABER ERAN LOS
MILITARES.

US

Siné / Francia

57

HUBO GOBERNAN-
TES QUE VIERON
IMPOSIBLE VIVIR EN
PAZ CON LOS GRIN-
GOS Y PREFIRIERON
"ASOCIARSE" CON
LOS ESTADOS UNI-
DOS ENGANCHAN-
DO AL PAÍS CON LA
LOCOMOTORA
YANQUI DEL PRO-
GRESO Y LA DEMO-
CRACIA.

Tomas Nash / USA

HACHFELD

PORFIRIO DÍAZ FUE
EL PRIMERO QUE
PENSÓ ASÍ :

Justo Sierra, su ministro
de Relaciones lo dijo bien
claro: *"...la virtud política
del presidente Díaz con-
sistió en comprender esta
situación y, convencido
de que nuestra historia y
nuestras condiciones so-
ciales nos ponían en el
caso de dejarnos engan-
char por la formidable
locomotora yanquee y
partir rumbo al porvenir...
para que así fuésemos
unos asociados libres
obligados al orden y la
paz y hacernos respetar
para mantener nuestra
nacionalidad íntegra y
realizar el progreso..."*

58

Hachfeld / Alemania

DESPUÉS, LOS GOBER-
NANTES
"REVOLUCIONARIOS"
MEXICANOS SIGUIE-
RON SU EJEMPLO Y SE
ENGANCHARON A LA
LOCOMOTORA YANKI
CON EL PAÍS ENTERO
EN PLAN DE CABÚS...

GOBERNANTES BRASI-LEÑOS, ARGENTINOS, CHILENOS, COLOMBIANOS, URUGUAYOS, JUNTO CON INTELECTUALES DE LA ÉPOCA PORFIRIANA, PENSABAN ASÍ, INSPIRADOS EN LAS OBRAS DE AUGUSTO COMTE Y HERBERT SPENCER (los Positivistas). ASOCIARSE CON ESTADOS UNIDOS EN VEZ DE QUERER VIVIR "INDEPENDIENTES Y SOBERANOS".

¡vale más socio vivo que opositor muerto!

IN GOLD WE TRUST

IN GOD WE TRUST

PERO TENÍAN UNA VENTAJA SOBRE LOS ACTUALES GOBERNANTES LATINOAMERICANOS: LUCHARON CONTRA LA IGLESIA CATÓLICA A LA QUE CONSIDERABAN CULPABLE DE NUESTRO ATRASO, Y CON RAZÓN: LA IGLESIA HA SIDO SIEMPRE ENEMIGA DEL PROGRESO, LA EDUCACIÓN Y LA LIBERTAD.
QUE NO ES LO MISMO EL LIBERALISMO DE DON BENITO JUÁREZ QUE EL NEOLIBERALISMO DE MR. VICENTE FOX...

59

LUEGO, LA CLAVE ESTÁ EN MANTENER OCUPADOS MILITARMENTE A TODOS LOS PRODUCTORES DE MATERIAS PRIMAS (LÉASE RIQUEZAS).

¡IMPOSIBLE! ¿CON QUÉ EJÉRCITO?

CON SUS MISMOS EJÉRCITOS, CABALLEROS...

¡SON MAQUIAVELO!

DE ESTA FORMA EL TÍO SAM MATABA VARIOS PÁJAROS DE UN TIRO: SE QUEDABA CON LAS RIQUEZAS DEL PAÍS, LO CONTROLABA Y HACÍA EL GRAN NEGOCIO VENDIÉNDOLES ARMAS PARA SU DEFENSA.

WESTERN HEMISPHERE

60

¿Y DE QUIÉN NOS VAN A DEFENDER LOS MILITARES?

POS SÓLO QUE DE LOS GRINGOS.

MIENTRAS TANTO, EL GRAN COMERCIANTE EN QUE SE HABÍA CONVERTIDO EL TÍO SAM PENSÓ QUE NECESITABA UN CANAL.

From The Brooklyn Daily "Eagle," January, 1900.

ESTADOS UNIDOS NECESITABA UN PASO PARA EVITAR DAR TODA LA VUELTA AL CONTINENTE HASTA EN *CASELACHINGADA*.

LA PARTE MÁS PROPICIA PARA HACER EL PASO DE OCÉANO A OCÉANO, ERA ESO QUE SE LLAMA EN LOS MAPAS <u>CENTROAMÉRICA</u>, QUE ES LO MÁS ANGOSTO QUE HAY EN EL CONTINENTE AMERICANO: NICARAGUA, COSTA RICA Y ESA PROVINCIA DE COLOMBIA QUE SE LLAMA PANAMÁ.

NECESITADOS DE UN CANAL, LOS GRINGUITOS SE APODERA-RON DE NICARAGUA, HASTA QUE VIERON ASUSTADOS QUE HABÍA VOLCANES EN ACTIVI-DAD Y LES PODÍA ECHAR A PERDER SU CANALITO.

61

EL ROBO DE PANAMÁ A COLOMBIA Y SU PARTIDA EN CANAL

EMPEZARON ENTONCES A NEGOCIAR CON COLOMBIA, QUE CURIOSAMENTE TAMBIÉN PENSABA LO MISMO QUE EL TÍO: CONTROLAR EL CANAL COMO UN BUEN NEGOCIO.

EL TIO ORGANIZÓ ENTONCES UNA GUERRA "SEPARATISTA" ENTRE LA PROVINCIA DE PANAMÁ Y COLOMBIA...

¡ GANÓ PANAMÁ ! ¡ INCREÍBLE: GANÓ PANAMÁ !

Y YA CON EL "NUEVO" GOBIERNO, EL TÍO NEGOCIÓ QUEDARSE CON UN PEDAZO Y HACER AHÍ "SU" CANAL.

BIG STICK *

ni modo: es el ¡DESTINO MANIFIESTO !

(ESO SE LLAMÓ DESDE ENTONCES : THE BIG STICK POLICY QUE EN BUEN ROMANCE SE TRADUCE COMO: *LA POLÍTICA DEL * GRAN GARROTE.*)

Es sorprendente que al feroz belicista Teddy Roosevelt le hayan concedido el Premio Nobel de la Paz por haber desmembrado Colombia, tomado Cuba y Puerto Rico, e invadido las Filipinas. ¿O se lo dieron por el Canal...?

SEGURO QUE EL PRÓXIMO NOBEL DE LA PAZ ES PARA BABY BUSH...

1911 / Golpe de estado en Honduras para imponer al gral. Bertrand.

1912 / Intervenciones militares en Cuba, Honduras, China, Turquía y Nicaragua. En esta última "se quedan" hasta 1933.

1913 / Expedición al Valle del Yaqui Sonora para "proteger" intereses.
* Con la intervención directa del embajador Lane Wilson, asesinan al presidente Francisco I. Madero y al vice Pino Suárez en México.

1914 / Ocupación militar de Veracruz.
* USA ocupa Haití hasta el año 1934.
* Ocupación de la República Dominicana.
* Imposición en Nicaragua del Tratado Chamorro-Bryan por el que se cedía a los USA por 99 años el golfo de Corinto y una amplia zona del territorio nica para un futuro Canal. El Tratado se derogó hasta 1971.

1916 / Expedición punitiva del gral. Pershing contra Pancho Villa.
* Ocupación de la Dominicana, que dura hasta 1924.

1917 / Nueva intervención en Cuba.
* Ocupación militar de Chungkin, China.

DESDE LA GUERRA con España en 1898 y la conquista de Panamá, se vio claro que los gringos iban a tomar el relevo del Imperio Inglés, que estaba ya en franco retroceso.
Había llegado la hora del mentadísimo ¡¡IMPERIALISMO YANQUI!

63

EN 1912 EL PRESIDENTE WILLIAM H. TAFT, AFIRMA-
BA:"no está lejano el día en que tres banderas de barras y
estrellas señalen en tres sitios equidistantes la extensión
de nuestro territorio: una en el Polo Norte, otra en el Canal de Panamá y la tercera en el Polo Sur. Todo el hemisferio será nuestro, como de hecho, en virtud de nuestra
superioridad racial, ya lo es moralmente ." / Tomado de *Las venas abiertas de América Latina*, Eduardo Galeano, Siglo XXI.

✳✳✳✳✳✳✳✳✳ ✳✳✳✳✳✳✳✳✳✳✳✳

YA EN 1885, LOS ESTADOS
UNIDOS SE HABÍAN
CONVERTIDO EN UNA
POTENCIA INDUSTRIAL,
SUPERANDO A GRAN
BRETAÑA EN PRODUC-
TOS MANUFACTURADOS
Y CONSUMIENDO MÁS
ENERGÍA QUE JAPÓN,
ALEMANIA, RUSIA,
FRANCIA, ITALIA Y AUS-
TRIA-HUNGRÍA JUNTOS.
LA PRODUCCIÓN DE
ACERO, CARBÓN Y VÍAS
FÉRREAS YA ERAN SUPE-
RIORES A LA DE TODA
EUROPA.
LOS GRINGOS PENSABAN
YA SERIAMENTE EN
APODERARSE DE TODO
MÉXICO, DE TODO CA-
NADÁ, DE COMPRAR LA
DOMINICANA Y CUBA, Y
DE INICIAR EL NUEVO
SIGLO CONVERTIDOS EN
UNA SEÑORA POTENCIA.

SU FALLA ERA EN LO MILITAR: SU EJÉRCITO ERA INFERIOR AL DE BULGARIA Y SU ARMADA MENOR QUE LA DE ITALIA. MILITARMENTE NO PODÍAN TODAVÍA COMPETIR CON LAS GRANDES POTENCIAS EUROPEAS, NI CON LOS JAPONESES, QUE YA SE HABÍAN CARGADO A LA FLOTA RUSA... ¿QUÉ HACER?

¡LA PAZ NUNCA HA SIDO NEGOCIO, MENTECATOS!

1914 1918

LA PRIMERA GUERRA MUNDIAL Y LA PARTICIPACIÓN EN ELLA PODÍA SER LA SOLUCIÓN.
****

Pero Woodrow Wilson, el presi que sucedió a Teddy Roosevelt NO QUERÍA meter a Estados Unidos a la guerra y prefirió dedicar los esfuerzos a la fabricación y venta de armas a <u>todos</u> los países que se estaban peleando.

Al parecer fueron dos cosas las que decidieron a don Wilson a entrar a la Gran Guerra: el hundimiento del *Lusitania* por los alemanes y la invasión de Bélgica por las tropas alemanas.

Fiore / Austria

65

" Estados Unidos notificó a la humanidad desde su nacimiento: nosotros hemos venido para <u>redimir al mundo dándole libertad y justicia</u> ."
Woodrow Wilson al entrar USA a la Gran Guerra.

La participación yanqui en la 1era. Guerra Mundial fue todo un éxito, ya que ni un solo obús llegó a sus tierras, ninguna de sus ciudades sufrió daño alguno y no perdió ni un centavo. Por el contrario, se hizo de más territorios al quedarse, en el reparto de las colonias alemanas, con ********* varias islas en el Pacífico: Samoa, las Marianas, las Carolinas y otras más... y salió de la guerra convertida en una potencia mundial, codeándose con ingleses y franceses por el control mundial.

A FINALES DE LA GUERRA, UN NUEVO PODER NACIÓ EN LOS ESTADOS UNIDOS: LAS GRANDES COMPAÑÍAS INDUSTRIALES Y COMERCIALES, LOS GRANDES MONOPOLIOS.

Media Europa se metió a la Guerra. ¿Y qué guerra no necesita de armamentos? ¿Y qué industria mejor para ganar dinero que la industria bélicoarmamentista?

¿Y quién mejor que el Tío Sam para fabricar esas Armas y venderlas a los necesitados?

En especial, la INDUSTRIA BÉLICA se convirtió en la industria más importante y poderosa de los Estados Unidos.

...mientras tanto, Estados Unidos seguía impertérrito metiendo sus narices en todas partes, sin fallar un solo año:

****

1918 / Alarmado por el triunfo de los bolcheviques en Rusia, ocupa Vladivostok para combatir a los rojos de Lenin. Al mismo tiempo su servicio secreto contacta a los derrotados zaristas y rusos blancos para organizar la "resistencia".

....

1919 / Intervenciones militares en Honduras, Dalmacia y Turquía.

....

1920 / Golpe de estado en Guatemala para derrocar al presidente Carlos Herrera, por oponerse al establecimiento de la bananera United Fruit.

    * Combates en Vladivostok para poner una estación de radio anti-URSS.

    * El presidente Coolidge anuncia la *Doctrina Evart* que autoriza a los USA a intervenir militarmente en América Latina.

....

1921 / Escuadras navales ocupan temporalmente puertos de Costa Rica y Panamá para "mediar" en la guerra entre los dos países.

....

¿ Por qué tantas intervenciones en Centro América, caballeros...?

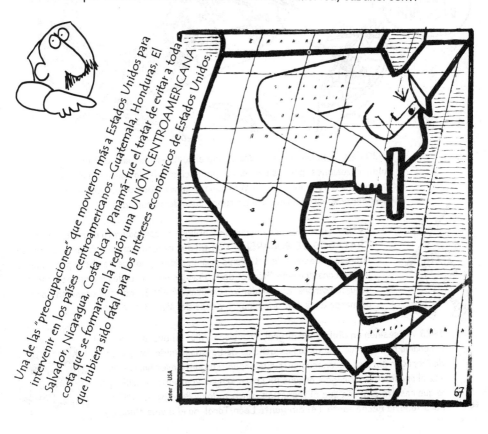

Una de las "preocupaciones" que movieron más a Estados Unidos para intervenir en los países centroamericanos –Guatemala, Honduras, El Salvador, Nicaragua, Costa Rica y Panamá– fue el tratar de evitar a toda costa que se formara en la región una UNIÓN CENTROAMERICANA que hubiera sido fatal para los intereses económicos de Estados Unidos.

Suter / USA

67

"NECESITAMOS UN GOBIERNO BAJO EL CUAL NUESTROS CONTRATOS, NEGOCIOS, INVERSIONES Y CONCESIONES EN MÉXICO SEAN MÁS SEGUROS DE LO QUE HAN SIDO HASTA AHORA..."
Presidente Wilson / 1918

MÉXICO A LA VISTAAA...

1920 / Estados Unidos presiona al gobierno mexicano para que les pague "indemnizaciones" por los presuntos perjuicios sufridos por ciudadanos gringos durante la Revolución Mexicana, amenazando con no reconocer al presidente Álvaro Obregón si no cubre las indemnizaciones.

1922 / Las presiones aumentan y obligan a Obregón a firmar los ominosos **TRATADOS DE BUCARELI**. Con tal que reconozcan su gobierno, Obregón entrega pedacitos de soberanía (ver recuadro), lo que no obsta para que se le siga considerando "héroe" de la revolución, con calles y ciudades con su augusto nombre. El senador veracruzano Field Jurado fue asesinado por oponerse a los tratados, por órdenes del Manco de Celaya...

1923 / Asesinan en Chihuahua al gral. Francisco Villa. Su desaparición del escenario político fue una de las exigencias de Estados Unidos al gobierno de Obregón para su reconocimiento. Luego, un dibujante asesinaría a su vez al presidente Obregón, aunque NO para vengar la muerte de Villa, por lo que resulta extraño que el frenético canonizador y Papa polaco NO lo haya todavía hecho santo. (Al dibujante León Toral, no al divino Manco.)

LA INTERVENCIÓN DE LOS GRINGOS DURANTE LA MAL LLAMADA *REVOLUCIÓN MEXICANA* FUE TOTAL :

1

Encarcelaron y asesinaron en una prisión gringa a Ricardo Flores Magón y persiguieron a todos los anarquistas mexicanos.

2

Asesinaron al presidente Madero y al vicepresidente Pino Suárez y apoyaron a Victoriano Huerta.

PANCHO VILLA COMO CRIMINAL, SEGÚN LO VEÍA LA PRENSA GRINGA. Donahey / USA

3

Persiguieron sin éxito a Pancho Villa invadiendo territorio mexicano y orquestaron su asesinato.

4

Tropas yanquis desembarcaron en Veracruz en 1914 para combatir a Carranza, vencedor de Huerta.

5

Obligan a Obregón a firmar los Tratados de Bucareli a cambio de reconocer su gobierno.

Y DESDE ENTONCES SIGUEN INTERVINIENDO IMPUNE- MENTE EN NUESTRO PAÍS... CON LA COMPLICIDAD DEL PRI-PAN...

La concesión Barco o el Petróleo colombiano

Los cárteles gringos del petróleo, Mellon y Morgan, recibieron por 1923 la riquísima concesión para explotar los riquísimos yacimientos de Barco, en la provincia de Santander. Los gringos no pagaban los impuestos acordados, por lo que el presidente Dr. Miguel Abadía, les solicitó el pago o cancelaría las concesiones. En 1928 el presidente volvió a requerir el pago, por lo que las compañías se quejaron amargamente a Washington, de donde llegó a Colombia un ultimátum: o se dejaban de "presionar" a las compañías o Colombia sufriría económicamente las consecuencias. Indignados, ciudadanos colombianos recorrieron las calles de Bogotá lanzando las consabidas consignas antiyanquis.

Y sorpresivamente, en 1930, el presidente Abadía-Méndez se vio obligado a renunciar, tomando su lugar un antiguo embajador colombiano en Washington, el Dr. Enrique Olaya que sorpresivamente se olvidó del asunto, tras recibir en su primer viaje a los USA, un crédito de un millón de dolarucos.

Todavía no existía la CIA, pero al frente del Departamento de Estado estaba en 1926 Allen Dulles, que posteriormente sería el Jefe máximo de la Agencia Central de Inteligencia.

o la compañía... peor que la de Jesús.

69

1922 / Expedición militar contra Turquía buscando "indemnizaciones".

1923 / Constantes intervenciones militares contra China, buscando concesiones comerciales y el control de puertos y ciudades para crear "protectorados".

1924 / Ocupación militar de Honduras motivada por la Guerra Civil (propiciada y organizada por Estados Unidos).

1925 / Nuevas intervenciones en China y Honduras.

1926 / Organizan en Nicaragua golpe de estado para imponer como presidente al Gral. Chamorro. / Nueva intervención en China exigiendo pago de indemnizaciones a comerciantes gringos.

1927 / Shanghai, China. Ocupación militar de la ciudad y establecimiento de "autoridades" favorables a Estados Unidos.

1930 / Con auxilio de tropas, imponen como presidente de la República Dominicana al gral. Rafael Leónidas Trujillo.

ESTADOS UNIDOS NO TIENE AMIGOS: TIENE INTERESES.
John Foster Dulles

AH: ESO ME INTERESA.

1955 1956
CORREOS
7¢ C7
GENERALISIMO DOCTOR
RAFAEL LEONIDAS TRUJILLO MOLINA
BENEFACTOR DE LA PATRIA
PADRE DE LA PATRIA NUEVA

1931 / Con sendos golpes de estado, imponen al gral. Jorge Ubico en Guatemala, al gral. Carías Andino en Honduras, y al gral. Maximiliano Martínez en El Salvador. En este último, son asesinados 15 mil campesinos por oponerse.

1932 / Prosiguen las expediciones militares contra China.

1933 / Despliegue de la flota yanqui frente a La Habana para apoyar al dictador pro-yanqui Gerardo Machado.

1934 / Asesinato de Augusto César Sandino en Nicaragua e imposición de Anastasio Somoza en la presidencia.// Golpe de estado en Cuba contra el presidente Grau San Martín. // China: la ciudad de Foo Chow es tomada por tropas yanquis.

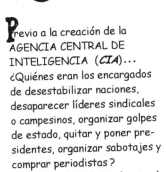

Previo a la creación de la AGENCIA CENTRAL DE INTELIGENCIA (*CIA*)... ¿Quiénes eran los encargados de desestabilizar naciones, desaparecer líderes sindicales o campesinos, organizar golpes de estado, quitar y poner presidentes, organizar sabotajes y comprar periodistas?

Todas esas lindezas (y otras) que conforman el **Terrorismo de Estado** eran orquestadas, cuando no existía la CIA, por las Embajadas de los USA, siguiendo -claro- las órdenes del **State Department** (Departamento de Estado) de los USA.

Cuando los gringos decidieron apoderarse de los países que formaban "su" América, <u>sin anexárselos</u>, poniendo presidentes fieles, encontraron que se entendían mejor con los militares que con los civiles. Y así, al terminar la 1era. Guerra Mundial, el Departamento de Estado dedicó sus esfuerzos a imponer GOBIERNOS MILITARES en los países cuyas riquezas naturales eran de su interés.

Necesitaban minerales, frutas tropicales, azúcar, café, tabaco, algodón, y sobre todo **petróleo**. También les era necesario contar con vías ferroviarias y puertos para mover esas mercancías. Y finalmente, también necesitaban <u>buenas tierras</u> para sembrar esas cosas.

Sólo que los gringos se toparon con algunos gobernantes que **también estaban interesados** en las mismas cosas, pero para usarlas en beneficio del país y no de los Estados Unidos de América...
¿Qué hacer con ellos? Pues lo mejor era <u>cambiarlos por otros que fueran más "proyanquis"</u>...

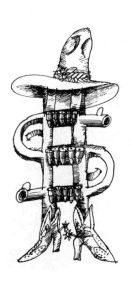

Al acabar pues la Gran Guerra, hubo varios golpes militares en varios países latinoamericanos. Y a consecuencia de esos golpes, subieron al poder señores generales que luego se hicieron famosos como los DICTADORES TROPICALES, todos con grandes simpatías hacia USA:

GRAL. CARLOS IBÁÑEZ DEL CAMPO en Chile

GRAL. EMILIANO CHAMORRO en Nicaragua

GRAL. RAFAEL LEONIDAS TRUJILLO en la Rep. Dominicana

GRAL. JORGE UBICO en Guatemala

Gral. TIBURCIO CARÍAS en Honduras

Gral. MAXIMILIANO MARTÍNEZ en (El Salvador)

Gral. LUIS M. SÁNCHEZ CERRO en el Perú

Gral. JUAN VICENTE GÓMEZ en Venezuela

Gral. JOSÉ FÉLIX URIBURU en Argentina

Gral. J. BAUTISTA SAAVEDRA en Bolivia

72

Y varios más por el estilo, aunque los peores vendrían más tarde.

1935

LA BUENA VECINDAD
:***********

(América Latina obtiene un respiro: sube al poder en Estados Unidos
el demócrata Franklin D. Roosevelt. Se inicia la II Guerra Mundial.)

→ ESTADOS UNIDOS SE HALLÓ TAN OCUPADO EN SU GUERRA CONTRA JAPÓN
Y ALEMANIA, QUE SÓLO SE ACORDÓ DE "SU" AMÉRICA COMO FUENTE
RIQUÍSIMA DE MATERIAS PRIMAS Y PETRÓLEO, QUE NOS COMPRÓ
A LOS PRECIOS USUALES...(ES decir, a los que le dio la gana.)

73

Durante el gobierno de FRANKLIN DELANO ROOSEVELT, demócrata, iniciado en 1932, la política de los Estados Unidos sufrió un cambio radical en sus relaciones con los países extranjeros, y en especial con América Latina. Se estableció un Nuevo Trato (New Deal) que permitió el establecimiento de gobiernos liberales y hasta "de izquierda" en algunos países.

Gobiernos como los de GETULIO VARGAS (Brasil), LÁZARO CÁRDENAS (México) JUAN DOMINGO PERÓN (Argentina), GABRIEL GONZÁLEZ VIDELA (Chile), el mismo Fulgencio Batista, en su primer gobierno en Cuba, Dr. Gonzalo Córdova en el Ecuador... y otros que incluso aceptan en sus gobiernos a diputados comunistas.

No es que los gobernantes gringos fueran partidarios de más libertades en su patio trasero, sino que se vieron obligados a "aflojar" un poquito su control, distraídos como estaban por la guerra en Europa y el Pacífico japonés.

EL GRAN TRIUNFADOR DE LA SEGUNDA GUERRA MUNDIAL FUERON LOS ESTADOS UNIDOS. DE TODOS LOS ALIADOS, FUE EL ÚNICO PAÍS QUE NO SUFRIÓ DAÑO ALGUNO DENTRO DE SUS FRONTERAS Y CUYA ECONOMÍA NO SÓLO QUEDÓ INTACTA, SINO QUE SALIÓ FORTALECIDA, QUEDANDO SUS BANCOS COMO DUEÑOS ABSOLUTOS DE LA ECONOMÍA MUNDIAL.

AHORA SÍ PODÍA HABLARSE DE UN IMPERIALISMO NORTEAMERICANO
****

La muerte de Roosevelt fue una verdadera tragedia para toda América. Trepado al poder un patán como Truman, controlado por las fuerzas armadas y los monopolios, todo volvió a ser como antes de Roosevelt: la primera medida de lo que le esperaba al mundo fueron los ataques genocidas y por sorpresa de las ciudades japonesas de Hiroshima y Nagasaki, arrasadas con bombas atómicas por órdenes directas del vulgar asesino Harry S. Truman.

Harry S. Truman

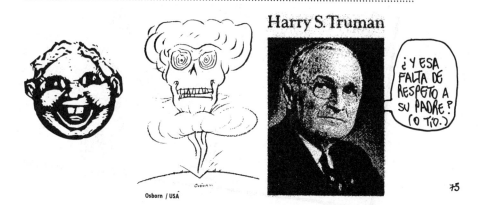

¿Y ESA FALTA DE RESPETO A SU PADRE? (O TÍO.)

Osborn / USA

EL CRUEL BOMBARDEO ATÓMICO DE DOS CIUDADES LLENAS DE CIVILES, SIN NINGÚN OBJETIVO MILITAR, HIROSHIMA Y NAGASAKI, DONDE MURIERON CERCA DE <u>MEDIO MILLÓN DE INOCENTES</u>, HA SIDO EL PEOR CRIMEN COMETIDO POR LOS NORTEAMERICANOS.

JAPÓN <u>YA ESTABA DERROTADO</u>, PERO LOS GRINGOS QUERÍAN "PROBAR" SU BOMBA ATÓMICA Y DECIRLE ASÍ AL MUNDO ENTERO LO "FUERTES" QUE ERAN...

Ronald Searle / Inglaterra

Siné / Francia

DERROTADO EL FASCISMO HABÍA QUE INVENTAR UN NUEVO ENEMIGO PARA SEGUIR EN GUERRA E IMPEDIR QUE LA GRAN MAQUINARIA DE GUERRA PARARA Y CON ESE PARO, EL PAÍS DEJARA DE PROSPERAR.
ESE "ENEMIGO" ERA EL SOCIALISMO, BAUTIZADO POR LA PROPAGANDA COMO *LA GRAN AMENAZA COMUNISTA...*

Krokodil / URSS

~~LOS NAZIS~~
¡LOS ROJOS SE QUIEREN QUEDAR CON TODO!
ДОЛЖНЫ ПРАВИТЬ МИРОМ!

La única oposición que había en el mundo a un Imperialismo Yanqui era el socialismo establecido en la Unión Soviética y que había tomado tras los Acuerdos de Yalta a Hungría, Rumania, Bulgaria, Albania, Checoslovaquia, Yugoslavia y la cuarta parte de Alemania.
El socialismo había también tomado forma en la enorme China y amenazaba extenderse por Asia.
E! SOCIALISMO ERA PUES EL NUEVO "ENEMIGO" DE LOS ESTADOS UNIDOS.

EL GRAN VENCEDOR DE LA SEGUNDA GUERRA FUERON LOS ESTADOS UNIDOS, QUE <u>NO</u> SUFRIERON DAÑO ALGUNO EN SU PAÍS, OCUPARON POR MUCHO TIEMPO EUROPA Y JAPÓN, ESTABLECIERON EL DÓLAR EN TODO EL MUNDO, SE COBRARON CON LA INDUSTRIA ALEMANA, SE QUEDARON CON LOS BANCOS EUROPEOS Y PASARON A SER LA POTENCIA MILITAR Y POLICIAL NÚMERO UNO.

ora sí: áhi les va el ¡CUARTO REICH!

LA SEGUNDA GUERRA MUNDIAL ENFRENTÓ A LAS DOS GRANDES POTENCIAS, INGLATERRA Y ALEMANIA, QUE ACABARON DESTRUIDAS, UNA VICTORIOSA Y LA OTRA DERROTADA.

AL ACABAR LA GUERRA, LOS ESTADOS UNIDOS SE ENCONTRARON DUEÑOS DE UNA ENORMÍSIMA MAQUINARIA DE GUERRA QUE, PARA ALIMENTARSE NECESITABA DE <u>GUERRAS</u>. ¿A QUIÉN HACERLE LA GUERRA, SI YA LOS "ENEMIGOS" HABÍAN SIDO DERROTADOS?

EL TÍO SAM INVENTÓ ENTONCES LA GUERRA FRÍA.

78

ENOS

¿ QUIÉN INICIÓ LA GUERRA FRÍA ?
¿ LOS USA O LA URSS ?

Al finalizar la II Guerra, con toda su economía destrozada, la Unión Soviética recibió, gracias a los Acuerdos de Yalta firmados por Churchill, Roosevelt y Stalin (y ratificados después en la Conferencia de Postdam), la cuarta parte de Alemania.

Pero además, como sus tropas habían liberado del dominio nazi a otros países, permanecieron ocupando Polonia, Rumania, Bulgaria, Checoslovaquia, media Austria, Yugoslavia y Albania.

Y en todos esos países -excepto Austria- hicieron de modo que todos ellos establecieran "democracias populares" *no capitalistas, es decir, sistemas socialistas.* Todos, claro, bajo la protección y ayuda de la Gran Madre Rusia.

Eso alarmó naturalmente a Churchill y Truman (éste había sucedido en la Casa Blanca al difunto Roosevelt). La alarma llegó a la histeria cuando la URSS propició la creación de Azerbaiján como república independiente, e inició pláticas con Irán para firmar un Acuerdo de defensa del petróleo iraní que, hay que recordar, estaba en manos de la Anglo-Iranian Petroleum Co., donde los Estados Unidos tenían fuertes inversiones.

Asustado, Churchill voló a los USA para entrevistarse con el matón Truman, y el 5 de marzo de 1946, en el Colegio Westminster de Fulton, Missouri, pronunció un discurso donde resumía las pláticas tenidas con Truman con esta frase:

"Desde Stettin en el Báltico hasta Trieste en el Adriático, ha descendido en todo el Continente una
CORTINA DE HIERRO".

Con ese belicista discurso, desaprobado hasta por el mismo Truman, e interpretado por Stalin como una declaración de guerra hacia la Unión Soviética, se inició formalmente la GUERRA FRÍA.

Estados Unidos e Inglaterra temieron en ese momento, que la URSS "se apoderara" por la fuerza de Irán y el resto de los ricos países petroleros árabes. Y reaccionaron histéricamente, declarando a la URSS "enemigo de la democracia, el mundo libre, el libre comercio y la civilización occidental y cristiana"...

1917 nace el 1er Estado obrero: la URSS

Deny / URSS

Todavia ni me metía y ya me sacaron. ¡PINCHES ROJOS! ¡me la van a pagar!

LA CONSIGNA: ACABAR CON LA URSS ANTES QUE SE HAGA FUERTE.

·····························

Horrorizadas las entonces potencias europeas –y los Estados Unidos– por la caída de los zares gracias al empujoncito dado por los bolcheviques, decidieron matar al polluelo rojo que intentaba poner en práctica las ideas socialistas de Carlos Marx.

Se fundó entonces una especie de Santa Alianza para intervenir en Rusia e impedir que el nuevo gobierno socialista se afianzara y fuera un "mal ejemplo" para otros países europeos. Tropas inglesas, francesas, japonesas, norteamericanas, canadienses y hasta polacas, invadieron Rusia para "apoyar" a las tropas anti-bolcheviques dirigidas por los viejos generales zaristas.

¿Qué diablos tenían que hacer en Rusia los gringos?

Siguiendo su ancestral costumbre, trataban de ver qué pescaban.

Para su desgracia, la intervención fracasó, aunque la guerra civil que propiciaron por poco mata de hambre a todos los rusos.

DURANTE TODA LA EXISTENCIA DE LA URSS (Y DE LOS OTROS PAÍSES SOCIALISTAS), ESTADOS UNIDOS INTERVINO EN TODAS LAS FORMAS POSIBLES, PARA SABOTEAR Y TRATAR DE ACABAR CON LA EXPERIENCIA SOVIÉTICA (O CHINA), POR SER CONTRARIA A SUS CAPITALISTAS INTERESES.

QUIZÁ LO QUE MÁS PERJUDICÓ A LA URSS FUE OBLIGARLA A ENTRAR A LA CARRERA ARMAMENTISTA, AL SER EMPUJADA A GASTAR MILES DE MILLONES DE DÓLARES EN EQUIPOS MILITARES Y DESCUIDAR ASÍ EL DESARROLLO DEL PAÍS. Y EN HACER DE LA URSS Y EL BLOQUE SOCIALISTA, ESTADOS POLICÍACO-MILITARES QUE ACABARON AUTODESTRUYENDO EL HERMOSO Y ESPERANZADOR EXPERIMENTO DE UNA SOCIEDAD DIFERENTE A LA CAPITALISTA SALVAJE Y PRODUCTORA DE POBRES...

Y a partir de entonces, se dedicaron a combatir y acabar con todo lo que oliera a *comunismo*, o que a ellos les "pareciera" comunista o socialista.

El Fisgón / La Jornada

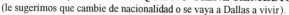

SI EL LECTOR HA LLEGADO HASTA AQUÍ CONSERVANDO UN POCO DE SIMPATÍA HACIA LOS ESTADOS UNIDOS, ES SEÑAL INEQUÍVOCA DE QUE SU CAPACIDAD CRÍTICA SE HA ATROFIADO CONSIDERABLEMENTE. DE TODOS MODOS CREEMOS QUE TODAVÍA TIENE SALVACIÓN, PUES <u>FALTA POR LEER LO PEOR</u>. SI AL TERMINAR DE LEER EL LIBRO SIGUE IGUAL, SIGNIFICA QUE NO TIENE REMEDIO...
(le sugerimos que cambie de nacionalidad o se vaya a Dallas a vivir).

PORQUE EN LAS PÁGINAS SIGUIENTES VAMOS A HABLAR DE LOS REYES DEL TERROR...

¿... de la SANTA INQUISICIÓN?

¡ PEOR: DE LA CIA!

81

CIA

La CIA, madre de todos los terrorismos

Con eso de que, por regla general, los militares NO se caracterizan por su inteligencia sino por su obediencia a ciegas de TODO lo que se les ordena, los dueños de los Estados Unidos pensaron en crear una oficina de *inteligencia*. Y que esa oficina NO dependiera del Ejército de los *United States*.

Durante la II Guerra Mundial, el espionaje yanqui se manejó por medio de un organismo militar denominado *OFFICE of STRATEGIC SERVICES (OSS)* que comandaba el general Donovan, que a decir de todo mundo, NO hizo un buen trabajo durante la guerra y, por ejemplo, NO fueron capaces de conocer con tiempo los planes japoneses de bombardear Pearl Harbor. Se llegó a la conclusión de que la OSS estaba superinfiltrada de agentes nazis y soviéticos. (Japoneses NO, porque todo mundo los distinguía.) O sea, que había que hacer algo mejor que la OSS.

R. Cobb / Australia

Y lo del DESEMBARCO EN NORMANDIA: HASTA HITLER LO SABÍA, PERO NO *QUISO* HACER CASO...

Necesitamos una súper Agencia de Espionaje.

¿Qué diablos es la CIA ?

Es misión principal de la CIA, según dicen ellos mismos, *conseguir, colectar y evaluar toda la información sobre el extranjero y hacerla llegar al presidente y a los encargados de la política exterior de los USA* .

En otras palabras, conseguir por medio de espías e informantes, la información necesaria.

Demadian / Rumania

Berry / USA

BERRY

Paco / Uruguay

LA CIA FUE FUNDADA EN 1947, DURANTE EL GOBIERNO DEL GENOCIDA DE HIROSHIMA Y NAGASAKI, HARRY S. TRUMAN.
FUE HECHA PARA ESPIAR EN EL EXTRANJERO ÚNICAMENTE.
El espionaje interno sobre los ciudadanos gringos, lo lleva a cabo el FBI, razón por la cual no se pueden ver con buenos ojos ambos organismos.

PARA SEMBRAR EL TERROR POR TODO EL MUNDO, LA CIA TIENE UN PRESUPUESTO DE MÁS DE CINCO MIL MILLONES DE DÓLARES Y CUENTA CON MÁS DE 20 MIL EMPLEADOS EN TODOS LOS PAÍSES. SE SABE QUE, EN EL MISMO VATICANO ACTÚAN VARIOS AGENTES DE LA CIA. Y QUE DONDE NO SE HAN PODIDO METER CON ÉXITO ES EN CHINA.

La CIA vino a tomar el lugar del Departamento de Estado y del FBI, y de hecho se le considera como un *GOBIERNO ALTERNO, UN GOBIERNO INVISIBLE.*

(son las narices del Tío.)

Para la CIA todo es válido: MATAR, TORTURAR, CORROMPER, HERIR, ORGANIZAR MARCHAS Y PLANTONES, PAGAR INFORMANTES, SEMBRAR DROGA O FINANCIARLA, COMPRAR DIARIOS Y REVISTAS, COMPRAR MILITARES O CIVILES, ORGANIZAR DAMAS CACEROLERAS, HACER CORRER RUMORES, DISEMINAR PLAGAS EN SEMBRADÍOS, FALSIFICAR DOCUMENTOS, DESESTABILIZAR UN PAÍS, FINANCIAR SINDICATOS O GRUPOS PARAMILITARES, VENDER ARMAS Y QUITAR Y PONER PRESIDENTES. PORQUE... *EL FIN JUSTIFICA LOS MEDIOS...*

LA CIA TIENE MÁS PODER QUE EL MISMO PRESIDENTE, EL STATE DEPARTMENT Y EL MINISTERIO DE LA DEFENSA JUNTOS. ¡NO PUEDE SER!

Thomas Nash / USA

(Todo se incluye en el renglón de *operaciones secretas*.)

Las famosas *operaciones secretas* abarcan todas las actividades que lleven a efecto los gobernantes de los USA (con su aprobación) contra Estados o grupos de Estados enemigos, de modo que NO se sepa que el gobierno de los USA es el promotor de tales actos.

LA CIA HA LLEGADO A ACTUAR CONTRA SUS MISMOS GOBERNANTES, COMO LO DEMUESTRAN LOS ASESINATOS DE JOHN F. KENNEDY Y SU HERMANO ROBERT, PROCURADOR DE LOS USA.

(...y si se llega a saber, negarlo y negarlo y negarlo, que para eso están los medios...)

...AL FIN Y AL CABO QUÉ PUEDEN USTEDES OPONER A LA OBRA DE UN MARX, UN ENGELS...

8543

...UN GRAMSCI, UN BRECHT, UN CORTÁZAR, UN RULFO, UN NERUDA, UN GARCÍA MÁRQUEZ, UN BENEDETTI, UN PASOLINI,...AH?

1-145

¡ER...BUENO... SUPONGO QUE LA OBRA DE UN COLT, UN SMITH AND WESSON, UN SHERMANN, UN LUGGER O TAL VEZ LA DE UN KRUPP!

8543

Palomo / Unomásuno

LA CIA ACTÚA IMPUNEMENTE EN TODOS LADOS, PUES SUS AGENTES ACTÚAN CON LA PROTECCIÓN DE LAS EMBAJADAS DE LOS ESTADOS UNIDOS.

(EXCEPTO EN LOS PAÍSES COMO CUBA, DONDE NO HAY EMBAJADAS...)

Para curarse en salud, el gobierno de USA ha hecho correr el rumor que que la CIA actúa a espaldas de la Casa Blanca, del State Department o del H.Congreso, pero NO es así: la CIA es el brazo derecho del gobierno gringo y el que le hace los trabajos "sucios".

TODO EL TERRORISMO DE ESTADO LLEVADO A CABO POR LOS USA DESPUÉS DE LA II GUERRA MUNDIAL, HAY QUE ATRIBUIRLO AL GOBIERNO DE LOS ESTADOS UNIDOS Y EJECUTADO POR SU CIA.

85

Además de los 20 mil y pico agentes de la CIA diseminados por el mundo, la agencia cuenta con más de 6,000 empleados administrativos y una Escuela en Camp Peary, Virginia, donde se imparten clases de terrorismo, sabotaje, espionaje y contraespionaje, fabricación de todo tipo de explosivos, propaganda, lenguas extranjeras, psicología, artes marciales, educación física y, aunque no se crea, cultura de belleza y peinados...

I Spy, You Spy

BOB ENGLEHART / *Journal-Herald*, Dayton, Ohio / 1976 / Copley News Service

LEONARDO VADILLO (IVAD) / *El Dia Mexico* / 1961

LA CIA SÓLO DEPENDE DEL COMITÉ NACIONAL DE SEGURIDAD (*NSC*) QUE A SU VEZ FORMA PARTE DEL *USIB (United States Intelligence Bureau)*, si es que W.C. Bush no lo cambió ya el año pasado...

BUENO: EL CASO ES QUE PARA CALENTAR LA GUERRA FRÍA SE NECESITABA UNA SÚPER AGENCIA COMO LA CIA, GENTE DISPUESTA A TODO PARA FRENAR AL COMUNISMO...

¡LISTO! ¿A QUIÉN HAY QUE MATAR?

Las primeras misiones especiales de la CIA fueron IRÁN y BERLÍN.

EL SAGRADO PETRÓLEO DE IRÁN

Irán cuenta con el 15 % de las reservas petroleras del mundo. De su explotación se hizo cargo la Anglo-Iranian Oil, donde los norteameriyanquis tenían fuertes inversiones.

En 1951 llegó al poder un rico terrateniente iraní, llamado Mohammed Mossadegh, quien, como primer ministro, intentó abrir el petróleo de Irán a otras compañías extranjeras y romper así el monopolio inglés que era favorecido con descuentos y bajos impuestos. Mossadegh llamó en su ayuda a USA que vio la gran oportunidad de apoderarse del petróleo iraní, otorgando a Irán los consabidos préstamos para suplir los ingresos que la compañía Anglo-Iranian había dejado de pagarle al ser <u>nacionalizada</u> la susodicha empresa por Mossadegh.

Urgido de más dinero para sacar al país de la crisis, Mossadegh le planteó al presidente Eisenhower el dilema: o le concedían más créditos o los buscaría en la URSS, con quienes ya estaba en tratos de hacer un pacto de defensa mutua.

 BUENA TÁCTICA: LES NIEGAN UN PRÉSTAMO. LOS EMPUJAN HACIA LOS ROJOS PARA QUE ELLOS SE LOS CONCEDAN Y ASÍ LOS ACUSAN DE "PROCOMUNISTAS"...

Alarmado por esa posibilidad, de que el petróleo iraní fuera a dar al control soviético, Eisenhower ordenó a la CIA que "arreglara el asunto", tras negarle a Mossadegh los créditos pedidos.

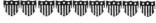

El 13 de agosto de 1954, el Sha Reza Pahlevi le pidió a Mossadegh la renuncia, pero el Premier se levantó en armas acusando al Sha de entregarse a Washington. La CIA distribuyó entonces entre los militares iraníes <u>15 millones de dólares, más otros 4 millones entre los sindicatos y políticos.</u> El 19 de agosto, fuerzas leales al Sha acabaron con Mossadegh, mientras turbas de ciudadanos aclamaban por las calles al Sha, turbas que tres días antes pedían su renuncia...

De 1954 a 1956, los Estados Unidos "donaron" a Irán más de 250 millones de dólares, mientras se revocaba la nacionalización del petróleo y la Anglo-Iranian volvía al país. Ahora el 50% de las acciones de la petrolera estaban en manos de socios gringos... Tal fue, en breves palabras, el primer gran triunfo de la CIA inaugurando así la "nueva" diplomacia de la posguerra.

¡ y luego lo corren a uno cual calcetín viejo !

Con el Sha se repitió lo que había venido ocurriendo con otros dictadores "amigos" de USA. Primero los promueven, los apoyan, los enriquecen... y cuando ya no les convienen por haberse vuelto impopulares, corruptos o "demasiado asesinos", los hacen a un lado y los sustituyen. Y en seguida empiezan otra vez el ciclo con los nuevos gobernantes, sólo que en Irán no les resultó la jugada como querían...

HUGH HAYNIE/*Louisville Courier-Journal*

EL PRIMER FRACASO DE LA CIA: BERLÍN

El 17 de junio de 1953 surgieron en Berlín una serie de manifestaciones anticomunistas, precisamente en la zona oriental entregada
a los soviéticos. Las manifestaciones adquirieron pronto carácter de
motín armado que, obviamente, fue sofocado por las tropas
soviéticas. Un artículo publicado en el *New York Times* reveló al
mundo entero que el famoso "levantamiento" había sido organizado por la CIA con la participación de provocadores nazis dirigidos por Reinhold Gehlen, antiguo teniente general de Hitler al
mando del contraespionaje nazi en el Frente Oriental.
Gehlen, se supo con seguridad, recibió casi 6 millones de dólares de
la CIA para organizar el levantamiento.

Bueno...
cualquiera
se equivoca...

Hachfeld / Alemania

¿POR QUÉ
NO HABLAN
MEJOR DEL
GRAN TRIUNFO
DE **USA-CIA**
EN EUROPA?

EL PLAN MARSHALL

Al término de la Segunda
Guerra Mundial, los paí-
ses europeos se encon-
traron en una situación
económica terrible.
Sus ciudades quedaron
destruidas, su industria
y comercio quebrados y
sus finanzas hechas caca
como consecuencia de la
guerra y la ocupación.
Estados Unidos, en un
rapto de generosidad
solidaria, propuso un plan
de emergencia para
"salvar" a Europa:
EL PLAN MARSHALL.

VERA HISTORIA DEL FAMOSO "PLAN MARSHALL"

Tras la terrible Guerra Mundial, Europa quedó arrasada y sus economías ora sí que por los suelos. La gente se estaba muriendo materialmente del hambre y, lo que sonaba peor para los USA, empezaba a simpatizar con la idea del socialismo, pues a los ojos de la gente, quien realmente había derrotado a Hitler y sus canes, había sido la URSS.

(Los comunistas de Francia, Holanda, Bélgica, Italia, Grecia y la misma Alemania, eran quienes más habían luchado contra la ocupación nazi, y cuando llegó el momento de llevar a cabo elecciones libres en todos esos países, los gringos (y la Iglesia Católica) vieron horrorizados que los votos podían llevar al poder a los comunistas.)

Estados Unidos decide entonces convocar en 1947 a una magna reunión de todos los países europeos, en París, para analizar la grave situación y dar a conocer un PLAN ECONÓMICO para salvar a Europa: se llama el

PLAN MARSHALL

EN HONOR DE SU INVENTOR, EL GRAL. GEORGE MARSHALL, SECRETARIO DE ESTADO NORTEAMERICANO.

El dichoso plan tuvo dos fines (secretos) : Impedir el avance del socialismo y establecer en Europa la industria norteamericana.
El plan consistía en dos cosas: 1) ocupación militar de Europa (que sigue todavía) y 2) préstamos en dinero que <u>debían</u> ser gastados en productos gringos.
¡ BIENVENIDO SEA, MR. MARSHALL !

EL PLAN MARSHALL BENEFICIÓ MÁS A LOS YANQUIS QUE A EUROPA.

Parte del Plan Marshall fue establecer una red de radiodifusoras que emitieran por todo el continente propaganda y desinformación, generada en RADIO FREE EUROPE, financiada por la CIA. Hasta donde estamos informados, RFE sigue todavía operando...

¿ CÓMO SE INVIRTIERON LOS DÓLARES DEL PLAN ÉSE ?

1/ un 20% en préstamos con intereses,
2/ un 60% en <u>mercancías gringas</u>,
3 / un 20% en préstamos a la Banca,
TODOS LOS PAGOS DEBÍAN HACERSE EN <u>DÓLARES</u>.
Obviamente, los que salieron ganando fueron los comerciantes, industriales y banqueros norteameriyanquis, que ganaron dinero como locos.

PERO EL PROPÓSITO principal del plan, fue rescatar y poner en pie la maquinaria de guerra nazi, absolver a los generales que se salvaron de ser juzgados y ponerlos al frente de la OTAN para la lucha contra el socialismo...

Foust / USA

⬧ Es muy poco conocido un aspecto "cultural" del Plan Marshall: expertos en pintura de los museos norteamericanos viajaron por todos los países invadidos por Hitler, en busca de obras de arte que estaban en manos de los altos jerarcas nazis y fascistas. Incluso los museos alemanes fueron saqueados y pinturas y esculturas se convirtieron en botín de guerra. Hoy se pueden admirar en museos de Estados Unidos.
Sólo se salvaron los museos que quedaron en la zona "soviética", donde los *salvajes rusos* protegieron, restauraron y regresaron luego a sus originales dueños, las pinturas de los museos alemanes...

¿ EN QUÉ CONSISTIÓ EL PLAN MARSHALL ?

Estados Unidos le ofreció a Europa la fabulosa suma de <u>TRECE Y PICO BILLONES DE DÓLARES</u> (hoy serían algo así como 140 billones de dólares) dizque para la recuperación y reconstrucción de Europa. Pero no se crea que era una ayuda desinteresada. Conociendo a los gringos, era imposible esperar de ellos que fueran desinteresados, y cuando se conocieron los detalles de la inversión, se comprobó el asunto.

Todos los países europeos (22) participaron en la Conferencia de París, pero únicamente 14 aceptaron el Plan Marshall. La URSS, aunque asistió a París, NO ESTABA CONTEMPLADA COMO "BENEFICIARIA" DEL PLAN. ¿ POR QUÉ ?

. . . .

LA CONDICIÓN NÚMERO UNO PARA RECIBIR LA "AYUDA" GRINGA ERA... NO TENER GOBIERNO SOCIALISTA. Y COMO ESTABA DIFÍCIL QUE LA URSS ABANDONARA EL SOCIALISMO, SIMPLEMENTE LA EXCLUYERON.
Y A LOS OTROS PAÍSES QUE HABÍAN QUEDADO BAJO LA OCUPACIÓN RUSA, EL PADRECITO STALIN LES PROHIBIÓ ENTRARLE AL PLAN MARSHALL.

Paul Flora / Austria

US·KAPITAL IN EUROPA

Franceses, Griegos e Italianos, sabed:
NO HABRÁ PLAN MARSHALL SI NO FRENAN A LOS COMUNISTAS.

. . . .

Para que los comunistas NO lleguen al poder, Estados Unidos suelta millones y millones de dólares entre los partidos, sindicatos (y la Iglesia, en Italia), para una enorme campaña anticomunista que hace triunfar a la Democracia Cristiana y a los partidos de derecha de esos países. Sólo en Grecia dio 200 millones.

. . . .

LOS CHECOS, contrariando a Stalin, piden ayuda a USA, que la condiciona a que acaben con los comunistas. "Esos idiotas de Washington nos han empujado hacia los rusos", declara Ripka, ministro checo de Comercio Exterior.

FOR EUROPEAN RECOVERY
SUPPLIED BY THE
UNITED STATES OF AMERICA

Malcom / Fact Magazine

Los países más beneficiados -aparte de Estados Unidos- fueron: la Gran Bretaña (3.2 billones), Francia (2.7 b.), Italia (1.5) y curiosamente Alemania Occidental (1.4), pues otro propósito del Plan Marshall fue poner otra vez en pie de guerra la maquinaria industrial nazi, para oponerla a la URSS. Los viejos y criminales generales nazis fueron rehabilitados y varios de ellos puestos al frente de la nueva fuerza militar yanqui disfrazada de *Tratado del Atlántico Norte*, o sea la llamada OTAN.

¡ LA PAZ ES MUY MAL NEGOCIO !

Con la OTAN, Estados Unidos se aseguraba de Bases militares en 12 países europeos, bases que rodeaban (con armamento nuclear) a la Unión Soviética. Bases similares fueron instaladas en Turquía, Japón, Irán, Corea del Sur y varias islas del Pacífico que habían pasado a ser "propiedad" de los Estados Unidos.

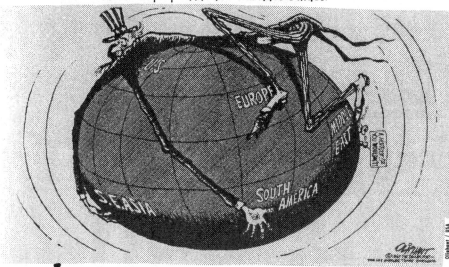

LA MAQUINARIA DE GUERRA DE LOS ESTADOS UNIDOS, NO SÓLO HABÍA QUEDADO INTACTA TRAS LA GUERRA, SINO QUE GRACIAS AL PLAN MARSHALL Y LA SUBSIGUIENTE CREACIÓN DE LA OTAN SE HABÍA REFORZADO CON LOS RESTOS DE LA MAQUINARIA DE GUERRA HITLERIANA. Y DE PILÓN, CON EL INCIPIENTE ARSENAL DE ARMAS NUCLEARES, PROBADAS CON ÉXITO EN JAPÓN. UNA SUPERPOTENCIA HABÍA NACIDO, PARA QUE NO EXTRAÑARA EL MUNDO A ADOLFO HITLER Y SU PRETENDIDO REICH DE LOS MIL AÑOS...

94

PACO EL OJAZOS : PERDONADOS SUS PECADOS FASCISTAS A CAMBIO DE...

Franciso Franco Bahamonde, Caudillo de España por la gracia de Dios (y el descarado apoyo de Hitler y Mussolini), asesino de miles de españoles y dictador absoluto, era candidato a ser juzgado en Nuremberg por crímenes de guerra. O al menos por complicidad con el Eje nazi-fascista.
Pero no.
Estados Unidos lo perdonó, a cambio de la instalación de una base militar permanente en Rota, y de la intervención de Washington –vía Plan Marshall– en la economía española. Y nadie en la ONU dijo nada...

Muchas de las más de 600 bases militares y navales de USA datan de la II Guerra Mundial, de cuando la "defensa de la democracia" contra el eje permitió que muchos países, como una forma de participar en la guerra, prestaran su territorio para que en él instalaran una o más bases. Eso sucedió en casi todo el mundo, en América Latina, Europa, África, Oceanía o Asia. Pero la guerra terminó y los gringos siguen metidos en esas bases sin que c la fecha den visos de salirse de ellas. Absurdo.

Vázquez de Sola / España

LAS BASES MILITARES DE ESTADOS UNIDOS EN TODAS PARTES, O CASI

Igual que a Franco, a muchos otros dictadores o "aliados" Estados Unidos les impuso la instalación de Bases Militares en sus soberanos territorios. Actualmente hay más de 600 Bases militares en 114 países. Algunas, 16 para ser más precisos, son Bases que ocupan enormes territorios, o islas completas, donde anclan permanentemente buques y portaviones equipados con armamento nuclear. Arabia Saudita, Ecuador, Aruba, Alemania, Italia, Kuwait, Turquía, la isla de Vieques en Puerto Rico, Corea del Sur, la isla de Guam, la isla de Okinawa en Japón, Guantánamo en Cuba, las Filipinas, etc., Son algunas de esas Bases a perpetuidad, donde los gringos tienen total impunidad para hacer y deshacer.

Otras son instalaciones menores, con sistemas de radar o fuertes militares con tropas permanentes. O sea, el Tío Sam está presente militarmente en casi todo el mundo, con o sin permiso. Es el policía universal. Ningún otro país goza de ese privilegio.

Porque ningún país tiene bases en los Estados Unidos... ¿Qué tal una Base Naval Italiana en California , con tropas italianas ?

95

LAS BASES MILITARES O
LA BASE DE LA DEMOCRACIA
NORTEAMERICANA

KOREA JAPAN

Midway Island, 1867

Wake Island, 1899
(base established 1841)

Hawaiian Islands, 1898
(base established 1887)

Philippines, 1898

Guam, 1898

American Samoa, 1899
(base established 1878)

CUBA

Puerto Ri
1898

Guantánamo B
(base establis

PACIFIC OCEAN

U.S. POSSESSIONS AND NAVAL BASES, 1903

Hace un siglo exactamente, Estados Unidos tenía 8 bases militares en el mundo, bases que un siglo después todavía conservan...

ES QUE MÍ SER MUY CONSER- VADOR.

Existen en todo el mundo más de 600 instalaciones militares de USA, entre bases navales, militares, estaciones de radar, de telecomunicaciones, aeropuertos militares y campamentos. ¡MÁS DE 600! O sea, el mundo está ocupado por tropas yanquis...

Destacan como países ocupados los tres países perdedores de la última guerra mundial: JAPÓN, ITALIA y ALEMANIA, que tienen tropas yanquis acampadas permanentemente dentro de su nada soberano territorio, pese a que la guerra terminó en 1945. Son bases militares, aéreas y navales, por las que ellos tienen que pagar...

GKE
ARMS ETID
FRF
WIE
SPM
SEX ETEU
RMS ESH ETIK
EOD ETEB
© www.globemaster.de 2002

Air Bases > Military Installations in Germany

US Air Force and Army Military Installations in Germany

BASES DE LOS USA EN ALEMANIA (ubicación)

....

Buedingen
Bad Aibling
Manheim
Hanau (2)
Bad Kreuznach
Bamberg
Wuerzburg
Heidelberg (2)
Grafenwoerh
Schweinfurt
Bamberg
Baumholder
Regensburg
Hohenfels
Ansbach
Friedberg
Giessen
Darmstad
Illesheim
Echterdingen
Wiesbaden
Garmisch
Kaiserlautern
Teveren
Hahn
Kitzingen
Kattterbach
Vilseck
Bitburg
Wuerzburg
Y otras 40, que Alemania está pidiendo se cierren ya por inútiles y costosas. Resulta curioso que sólo los yanquis sigan allá. Los rusos ya salieron.

Parece que las bases de la democracia gringa resultaron ser BASES MILITARES...

ROSARIO DE BA-
SES YANQUIS
EN EL MUNDO:
....

COREA DEL SUR
Camp Gary
Camp Eagle
Camp Casey
Desiderio airp.
Camp Humphreys
Osan Air Base
Seoul Air Base
Cochran Camp
Suwon Air Base
Kimpo
Hialea
Chinhae
Camp Casey
Camp Walker
Camp Henri Taegu
Kimhae
Yongsan
....

INGLATERRA
Croughton
Feltwell
Lakenheath
Mildenhall
Alconbury
St. Mamgan
Menwith Hill
Greenham Comm.
Fairford
Upwood
Molesworth
Alconbury
....

ESPAÑA
Morón Air Base
San Vito
Rota Naval Base
El Ferrol
Madrid
San Fernando
Betera

BÉLGICA
Brasschaat
Shape-Chievres
Bruselas (OTAN)
FRANCIA
Istress Air Base
(Marsella)
HOLANDA
Schinnen
Soesterberg AB
BALCANES
Able-Sentry
Bondsteel
Camp Comanche
Montheit
(Bosnia y Kosovo)
TURQUÍA
Izmir Air Base
Incirlik AB
FILIPINAS
Cubi Point
Clark Air Base
SINGAPUR
Paya Lebar AB
**AZORES (de
PORTUGAL)**
Lajes Air Base
**ISLA DIEGO
GARCÍA**
ISLANDIA
Keflavik
GRECIA
Souda Bay
GROENLANDIA
Thule
NORUEGA
Stavanger AB
Sola Sea AB
HUNGRÍA
Taszar AB
CHIPRE
Akrotiri
AUSTRALIA
Woomera AS
Richmond AB

**ITALIA
(algunas)**
....
Aviano
Livorno
Vicenza
La Maddalena
Nápoles
Sigonella
Gaeta
Etc.
....
JAPÓN
(van algunas de las
80 que tienen.)
....
Yokosuka
Kadena
Misawa
Yakota
Futenma
Ashiya
Iwakuni
Naha
Johnson
Yakota
Honshu
Haneda
Sasebo
Atsugi
Iwakuni
Torii
Camp Zama
Sagamino
Okinawa (toda la
isla es territorio
militar yanqui)

..... Santo Domingo, Laos, Camboya Corea, Bolivia, Vietnam, Chile... ¿ qué otra profesión les da posibilidad de conocer mundo como ésta ?

Fontanarrosa / Argentina

....

**DAN
ÑÁÑARAS
NOMÁS DE
PENSAR
QUE EN
MUCHAS DE
LAS BASES
MILITARES
GRINGAS
TIENEN
ARMAS
NUCLEARES.**

AY DIOS:
NO GANA
UNO PARA
VERGÜENZAS
CON LOS
QUE ME
SIGUIERON.

98

MÁS BASES EN OTRAS PARTES

AFGANISTÁN
Bagram AB
Kandahar AB
Khost AB
Mazar-el-Zharif
KUWAIT
Camp Doha
Ali-al-Salem
Ahmed Al Jaber
OMÁN
Thumrait AB
Al-Dhafra
QATAR
Al Udeid AB
BAHRAIN
Sheik Isa AB
SAUDI ARABIA
King Abdul Aziz
King Fadh
King Kalid AB
Riyadh AB
Eskan Village
ABU DHABI
Al Dhafra
PAKISTÁN
Dalbandin AB
DJIBOUTI
Air Base

ISLA OAHU
Bellows
Dillingham
Wheeler
ISLA WIND
Beane
LEEWARD IS.
Coolidge
ISLA SAIPAN
Isely
NEWFOUNLAND
McAndrew
Pepperrell
MARIANAS IS
North Tinian
West Tinian
JOHN STON IS.
Dos bases
ISLA S.DAVIS
Kindley
MARSHALL IS.
Enewetok
Kiribati
Y
AMCHITKA IS.

En el Imperio Romano se decía que *si vis pacem para bellum:* si quieres la paz, prepara la gue-rra. Pero uno se pregunta: ¿ Y para qué diablos quiere el Tío Sam más de 600 bases militares en el mundo, si no es para DOMINARLO ?

¿ o para tenerlo "en paz" ?

(sólo que sea la paz de los sepulcros)

99

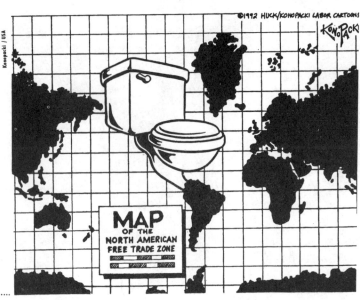

Konopacki / USA

Bases en AMÉRICA LETRINA

....

CUBA	PERÚ
Guantánamo	Iquitos
HONDURAS	El Coca
Soto Cano	ECUADOR
COLOMBIA	Manta
Apiay	ARUBA
Palanqueta	CURAZAO
Tres Esquinas	BR. GUIANA
Puerto Leguízamo	ARGENTINA
Isla S.Andrés	Este año se insta-
BAHAMAS	lan 8 bases en la
Mayaguana	Patagonia.
Eleuthra	BERMUDA
Grand Bahama	Kindley
BOLIVIA	SANTA LUCÍA
Trinidad	Beane
Santa Cruz	Auxiliar
Los Yungas	ISLA SALVADOR
Monteagudo	Cock Burntown
Chapare	TURKS-CAICOS
TRINIDAD	Grand Turk
Carlsen	DOMINICANA
Waller	Sabena
JAMAICA	EL SALVADOR
Vernam	Comalapa
ANTIGUA	ASCENCIÓN
Coolidge	

McPherson / Canadá

Biddtrep / Dinamarca

100

E. Sorel / N.Y.Times

David Suter / Usa

El número de bases militares en los Estados Unidos es terrífico: cerca de 300, que se ubican en <u>todos</u> los estados de la Unión Americana y en Guam, Hawaii, Alaska y Puerto Rico. Lo que nos demuestra que los Estados Unidos son un país ocupado por los militares, un país *militarizado* y que vive gracias a las guerras que ellos mismos organizan... 101

Las actividades terroristas de los USA siguieron dándose en todo el mundo :

....

1947

Estados Unidos patrocina al gral. Chiang Kai Shek para que se apodere de Taiwan (Formosa) y desde esa isla ataque a la China de Mao. Soldados japoneses refuerzan a las tropas nacionalistas del corrupto Chiang.

....

1948

Llega a El Salvador la primera misión militar gringa para entrenar a los militares salvadoreños.

★

Intervenciones militares en Grecia y Albania, para evitar que triunfen los comunistas.

1949

Fundan la Organización de Estados Americanos (OEA), o más bien, la Organización de Colonias Norteameriyanquis.

★

Estados Unidos se queda permanentemente con la isla de Vieques, en Puerto Rico, que es convertida en base militar.

....

1946 ⊙ 1947

UN General Assembly meets — Truman Doctrine outlined — Marshall Plan aids European recovery — Taft-Hartley Law passes over Truman veto — Philippines go independent — Supreme Court bans interstate bus segregation — A-Bomb tests continue in Pacific — 4.6 million out on strike — Dodger Jackie Robinson becomes baseball's first black — New York's deepest snowfall: 25.8 inches — ENIAC electronic computer perfected — First tubeless tires tested — First supersonic flight: Charles Yeager in Bell X-1 — Radar bounced off moon.

Lhago / Cuba

Pero a Estados Unidos se le siguen acumulando las armas y las bombas, y sus tropas se están enmoheciendo: la guerra fría no calienta a nadie.

¡NO HAY A QUIÉN TIRARLE BOMBAS!

US

Por suerte allá por Japón las cosas se CALIENTAN un poco.

LA GUERRA DE COREA

Un día antes que los gringos lanzaran la segunda bomba atómica sobre Nagasaki, la URSS le declaró la guerra a Japón e inicia la invasión de Manchuria y Corea, que estaban en posesión de los japoneses.

Ya desde Yalta, se había decidido que esos países olvidados de la mano de Dios (el blanco, por supuesto), pasaran al control de los rusoviéticos: total, eran países que francamente NO le interesaban a los gringos.

PERO... cuando USA vio que la URSS podía dominar desde Corea –y con China declaradamente socialista– el sudeste asiático, se alarmó y propuso a Stalin dividirse la península coreana entre ellos. Del paralelo 38 para arriba, ocupado por los rusos, y para abajo, por los gringos.

Stalin aceptó a regañadientes sin hacer demasiado caso del asunto. Así, los gringos ocupan media Corea, pero cometen un gravísimo error: se alían con los viejos políticos coreanos que habían colaborado con los japoneses, políticos corruptos y entreguistas que son odiados por la población.

En el norte, en cambio, los rusos llaman a gobernar a los coreanos comunistas, que habían luchado contra los invasores japoneses. Kim Il Sung es elegido presidente de Corea del Norte, mientras en el sur los gringos ponen a Sygman Ree, un corrupto político que había vivido 35 años en los Estados Unidos, anticomunista rabioso y a quien nadie conocía.

En 1948, la ONU pide a las dos Coreas elecciones libres. Se hacen, y quedan como presidentes los dos coreanos mencionados. Gringos y soviéticos retiran sus tropas de la península.

1950

Envalentonado por el triunfo de Mao Tse Tung en China y el apoyo en armamento de la URSS, Kim Il Sung invade Corea el 25 de junio con gran disgusto del viejo Mariscal Stalin, que no quiere meterse a otra guerra. Para el 28 de junio, las tropas norcoreanas llegan a Seul sin hallar mayor resistencia. La ONU condena la invasión y decide, por primera vez en su penosa historia, enviar tropas de varios países a Corea, bajo la dirección de un general yanqui: Douglas MacArthur. Con tropas inglesas, australianas, canadienses, colombianas (sí), turcas y desde luego gringas, MacArthur recupera el sur y llega hasta el paralelo 38. Eso obliga a China a entrar a la guerra y cientos de miles de soldados chinos hacen retroceder a Mac que pierde nuevamente Seul en enero de 1951.

MacArthur pide bombardear China con atómicas. Está enloquecido por haber sido derrotado por "esos malditos amarillos", lo que obliga al presidente Truman a cambiarlo por Ridgway. Pero las tropas de la ONU siguen perdiendo batalla tras batalla, decidiendo entonces bombardear ferozmente Corea del Norte con más de <u>600 mil toneladas de bombas</u>, más de las lanzadas sobre Alemania. El país queda arrasado...

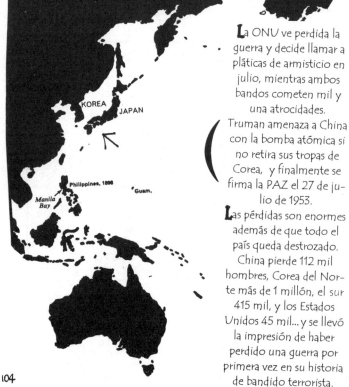

La ONU ve perdida la guerra y decide llamar a pláticas de armisticio en julio, mientras ambos bandos cometen mil y una atrocidades.

Truman amenaza a China con la bomba atómica si no retira sus tropas de Corea, y finalmente se firma la PAZ el 27 de julio de 1953.

Las pérdidas son enormes además de que todo el país queda destrozado. China pierde 112 mil hombres, Corea del Norte más de 1 millón, el sur 415 mil, y los Estados Unidos 45 mil... y se llevó la impresión de haber perdido una guerra por primera vez en su historia de bandido terrorista.

104

PERO, SI BIEN PRÁCTICAMENTE <u>PERDIMOS</u> LA GUERRA, EN CAMBIO <u>GANÉ</u> UNA ENORME BASE MILITAR: COREA DEL SUR.

UTERLAND ©1976, LOS ANGELES TIMES

1953
Estados Unidos envía aviones a Vietnam, para ayudar a Francia en su guerra contra los comunistas de Ho Chi Minh. Éstos triunfan en la legendaria batalla de Dien Bien Phu.

*

Organizan levantamientos en la zona soviética de Alemania, con poco éxito.

....

1954
Operaciones militares en las Filipinas, para combatir a los guerrilleros izquierdistas Huks e imponer al corrupto Ferdinand Marcos.

*

La CIA interviene en Argentina y mediante un golpe de estado quitan del gobierno a Perón, por intentar meter en cintura a las cías. petroleras y otras travesuras izquierdosas.

*

Intervención en Guatemala para derrocar al Presidente Jacobo Arbenz. Como el asunto amerita más explicaciones, van en seguida.

.... 105

Audiffred / El Universal

Al Tío Sam se le amontona el trabajo.

AL ACABAR LA PRIMERA GUERRA MUNDIAL ESTADOS UNIDOS VIO QUE REALMENTE <u>NO</u> NECESITABA UN IMPERIO FORMAL, CON COLONIAS AL ESTILO INGLÉS O FRANCÉS. LA EXPANSIÓN QUE NECESITABA ERA MÁS BIEN <u>COMERCIAL</u>, ABRIR MERCADOS PARA LOS FABRICANTES DE MAQUINARIA, PARA SUS PRODUCTOS AGRÍCOLAS, PARA LA COCA-COLA, PARA LOS EXCEDENTES DE SU FLORECIENTE INDUSTRIA ALIMENTICIA... Y AL MISMO TIEMPO HACERSE DE LAS MATERIAS PRIMAS DE LOS PAÍSES SUBDESARROLLADOS, A BUENOS PRECIOS Y CON MANO DE OBRA, SI NO SE PODÍA <u>ESCLAVA</u>, SÍ AL MENOS BARATA. Si las naciones, en esos dos aspectos, NO se portaban "bien" con los USA, serían castigadas con sendas intervenciones militares y otras cositas...

Ungerer / Alemania

...A MÍ PARECERME QUE AHÍ POR GUATEMALA NO HABER BIEN ENTENDIDO...

Para que el lector también lo entienda, vámonos a Guatemala, la del año 1954.

EL CRIMEN DE GUATEMALA, OTRO QUE NO SE NOS HA OLVIDADO...

Como dijimos hace rato, Washington colocó, mediante sendos golpes de estado, a militares de todas sus simpatías, al frente del gobierno de varios países latinoamericanos. JORGE UBICO fue el elegido para administrar GUATEMALA a partir de 1931.

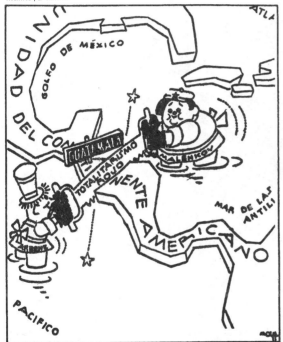

El gobierno de Ubico fue una catástrofe para Guatemala: en 1933 fusiló a un centenar de dirigentes sindicales, estudiantiles y políticos, al tiempo que reimplantaba las leyes contra "la vagancia de los indios", que los obligaba a llevar una libreta donde constaban sus días de trabajo para la United Fruit. Si no se consideraban suficientes, el indio debía trabajar <u>gratis</u> durante medio año. Los señores del café y las empresas bananeras –los verdaderos dueños del país– tenían una ley que les permitía matar a quien quisieran, impunemente. Fanático adorador de Napoleón, el general Ubico militarizó todo, hasta la orquesta sinfónica, mientras la prensa gringa se deshacía en elogios (bien pagados, claro) hacia su gobierno. Una huelga general y una revolución liberal encabezada por universitarios y jóvenes oficiales, acabó –¡hasta 1944!– con su sangriento reinado, sin que los USA pudieran impedirlo...

Fue elegido entonces presidente JUAN JOSÉ ARÉVALO que puso en marcha un buen plan de educación y dictó algo insólito para Guatemala: un Código de Trabajo que protegía a los obreros urbanos y rurales, lo que encorajinó feo a la United Fruit que, por primera vez en su historia, tuvo que enfrentarse a sindicatos. En su discurso de despedida, Arévalo reveló que la United Fruit había financiado 32 conspiraciones en su contra. Lo sucedió en la presidencia el capitán JACOBO ARBENZ para el periodo 1951-1957.

107

ARBENZ continuó y profundizó las reformas que había iniciado Arévalo, destacando una REFORMA AGRARIA para beneficiar a más de 100 mil familias campesinas que no tenían tierra. Recordemos que la *Mamita Yunai* era la dueña casi absoluta de las tierras laborables de Guatemala, aunque sólo cultivaba el ocho por ciento. Arbenz confiscó las tierras ociosas de la United, pagándole indemnización.

Eso bastó para que Estados Unidos pusiera el grito en el cielo e iniciara una campaña internacional de prensa (los cartones aquí publicados y hechos por los caricaturistas mexicanos —*los 7 de la Embajada*— formaron parte de esa campaña contra Guatemala).

Magú / La Jornada

ERA NECESARIO ACABAR CON ESA REFORMA AGRARIA CONTRA LA *UNITED FRUIT* QUE SERÍA UN PÉSIMO EJEMPLO PARA CENTROAMÉRICA Y EL CARIBE, REINADO INDISCUTIBLE DE LA BANANERA GRINGA, ACUSANDO AL GOBIERNO DE COMUNISTA.

Cabral / Novedades

ESTADOS UNIDOS ACUSÓ AL PRESIDENTE ARBENZ DE ESTAR ENTREGANDO GUATEMALA A LOS SOVIÉTICOS. LA CIA INICIÓ EL ENTRENAMIENTO DE TROPAS MERCENARIAS, QUE PUSO AL MANDO DEL CORONEL CASTILLO ARMAS, EGRESADO DE Fort Leavenworth, Arkansas.

APOYADO POR BOMBARDEOS DE LOS F-47 GRINGOS, CASTILLO ARMAS INVADIÓ GUATEMALA EN JUNIO DE 1954, MIENTRAS LOS AVIONES BOMBARDEABAN PUERTO BARRIOS, GUATEMALA Y EL PUERTO DE SAN JOSÉ. "DERROTADO" ARBENZ POR LOS USA, SE ASILÓ EN MÉXICO, MIENTRAS CASTILLO ARMAS, YA EN EL PODER, DEVOLVÍA "SUS" TIERRAS A LA UNITED FRUIT COMPANY...

DESDE ENTONCES, GUATEMALA SIGUE BAJO LA PROTECCIÓN DEL TÍO SAM Y DESDE MISMO ENTONCES HAN SIDO ASESINADOS EN EL PAÍS MÁS DE <u>CINCUENTA MIL GUATEMAL-TECOS</u>, CAMPESINOS E INDÍGENAS ESPECIALMENTE.

ÉSA ES LA DEMOCRACIA QUE LE GUSTA A WASHINGTON, PUES...

"DE LAS 60 MIL PERSONAS QUE MUEREN CADA AÑO DE MUERTE NATURAL EN GUATEMALA, 30 MIL SON NIÑOS QUE MUEREN DE DESNUTRICIÓN."

P. Blase Bonpane, en el Washington Post.

CON CASTILLO ARMAS SE INICIA LA LARGA LISTA DE PRESIS LATINOAMERICANOS EGRESADOS DE ACADEMIAS MILITARES GRINGAS.

Como vimos hace rato, durante la presidencia de F.D. Roosevelt se dieron varios gobiernos latinoamericanos de un subido color NACIONALISTA, como el de Cárdenas por ejemplo...

La llegada de la Segunda Guerra Mundial salvó a Estados Unidos de probables catástrofes, y le dio el pretexto perfecto para intervenir militarmente en América.

EL PRETEXTO ES "LA DEFENSA DEL HEMISFERIO", Y CON ESA JUSTIFICACIÓN LOS GRINGOS SE METEN HASTA LA COCINA, Y LE DAN VISOS DE LEGALIDAD AL SAQUEO DE NUESTRAS RIQUEZAS.

AMIGOU: COMO TÚ NO TENER NI EJÉRCITOS NI AVIONES, TÚ ME AYUDAS CON MATERIA PRIMA, ¿O-KEY?

SER POR LA LIBERTAD.

¿...LA ESTATUA DE LA LIBERTAD?

¡¡¡A Defender la Democracia!!!

Y AUNQUE LA DEMOCRACIA NO EXISTE EN AMÉRICA LATINA, NO IMPORTA: ESTADOS UNIDOS SE LLEVA EL PETRÓLEO, EL CAUCHO, EL COBRE, EL HIERRO, LA FRUTA, EL AZÚCAR, EL ALUMINIO, LA CARNE, EL TRIGO, EL CARBÓN, EL CAFÉ, EL ALGODÓN, LA PESCA, EL CACAO, EL MANGANESO, LA BAUXITA, EL GAS Y ¿QUÉ MÁS...?

LA SANGRE: ¡FALTA SANGRE!

Ah, claro: en toda América Latina se colecta sangre para los buenos soldados norteamericanos que irán a las Europas a defendernos del malo.

¿Y POR QUÉ NO MANDAR A LOS EJÉRCITOS LATINOS A LUCHAR?

¿LOS MILITARES LATINOAMERICANOS A PELEAR CONTRA LAS TROPAS DE HITLER Y SUS PANZERS?

¡POR FAVOR! LOS MILITARES LATINOAMERICANOS ESTÁN BIEN PARA LOS DESFILES, LOS PALCOS DE LA ÓPERA, LAS BANDAS Y LAS RECEPCIONES DIPLOMÁTICAS...

¡PERO NO PARA LA GUERRA! Y MENOS ESA CLASE DE GUERRA.

NOSOTROS ESTAMOS POR LA GUERRA, PERO LIMITADA.

(LIMITADA VS. LOS OBREROS, CAMPESINOS Y ESTUDIANTES.)

¡ESTO ESTÁ AGUJEREADO!

Además, el armamento de que se dispone ya está viejo: sólo Argentina lo ha modernizado, aunque PERÓN por cierto, simpatiza con Mussolini...

SIN EMBARGO, PESE AL TIBIO INTERÉS DE LOS GOBIERNOS EN ENTRAR A UNA GUERRA LEJANA, ESTADOS UNIDOS OBLIGA A TODOS A DECLARAR LA GUERRA AL EJE, Y PARA ELLO NO DUDAN EN HUNDIR 2 BARCOS MEXICANOS EN EL GOLFO DE MÉXICO (QUE DICEN LO HICIERON SUBMARINOS ALEMANES). MÉXICO NO SÓLO DECLARA LA GUERRA, SINO QUE MANDA UN ESCUADRÓN DE AVIADORES.

EN 1942 SE FIRMA EN MÉXICO EL ACTA DE CHAPULTEPEC ENTRE E. UNIDOS Y LOS PAÍSES DEL HEMISFERIO.

¡BRASIL MANDÓ A EUROPA UNA SUPER-FORZA!

¡Atención: gran venta de armamentos y sistemaos! PÁseleee.

MEDIANTE EL <u>ACTA DE CHAPULTEPEC</u> los USA Y AMÉRICA LATINA FORMAN UN BLOQUE MILITAR DE DEFENSA DEL CONTINENTE, PARA REPELER SUPUESTAS AGRESIONES DEL EJE.

EL ACUERDO PERMITE ADEMÁS A ESTADOS UNIDOS UTILIZAR LOS TERRITORIOS AJENOS PARA INSTALAR BASES MILITARES, SISTEMAS DE RADAR Y HASTA TROPAS YANQUIS.

TAMBIÉN ESTABLECE EL ENVÍO DE MISIONES MILITARES PARA ADIESTRAR A LOS EJÉRCITOS, LA VENTA Y PRÉSTAMO DE MATERIAL BÉLICO Y CRÉDITOS PARA SU ADQUISICIÓN· TODO UN MORROCOTUDO NEGOCIO...

ASÍ, LOS ESTADOS UNIDOS SE ADUEÑAN DE LA ECONOMÍA DEL HEMISFERIO (SE INSTALAN SUS MONOPOLIOS) Y, PARA EL CASO QUE NOS OCUPA, DE LOS EJÉRCITOS "HERMANOS"... SIN DISPARAR UN TIRO.

AH, ESTO MERECE UNA NUEVA TÁCTICA: ¡UN PACTO DE DEFENSA!

PAZE SEGURANÇA

Crs 1.20

ESTAMOS INVITADOS A RIO DE JANEIRO, DEL 18 DE AGOSTO AL 2 DE SEPTIEMBRE DE 1947.

PERO AL ACABAR LA GUERRA MUNDIAL, LA URSS TERMINA LLENA DE PRESTIGIO, GLORIA MILITAR Y GRANDES TERRITORIOS, DONDE SE ESTABLECEN SISTEMAS <u>SOCIALISTAS</u> (o algo por el estilo), Y COMO LA REAL VENCEDORA DEL FASCISMO Y LIBERADORA DE MEDIA EUROPA..

113

CONFERENCIA INTERAMERICANA PARA EL MANTENIMIENTO DE LA PAZ Y LA SEGURIDAD EN EL CONTINENTE

¿ Y QUIÉN NOS VA A QUERER INVADIR ?

¡ LA CAPERUCITA ROJA !

PARA ELLO, DOS CABALLEROS Y PERFECTOS CABRONES, CHURCHILL Y TRUMAN, HAN INVENTADO LA GUERRA FRÍA O EL CUENTO DE LA "AMENAZA ROJA", QUE CONSISTE EN ASUSTAR AL MUNDO CON EL COMUNISMO PARA VENDERLE PROTECCIÓN (COMO EL CABALLERO AL CAPONE ENSEÑÓ).

(NO ME PREGUNTEN QUIÉN LOS PROTEGERÁ DE LOS PROTECTORES)

(EN EL *TRATADO DE RIO* SE ESTABLECE QUE :)

" cualquier agresión de un Estado ajeno al continente contra un Estado latinoamericano, será considerado como un ataque contra todos los Estados Americanos... "

(VUELTA A LA DOCTRINA MONROE: AMÉRICA PARA LOS AMERICANOS.)

LA INTENCIÓN YANQUI ES MÁS CLARA QUE EL AGUA (CLARA, POR SUPUESTO...)

BUSCAR POR MEDIOS POLÍTICOS Y MILITARES (OTAN, SEATO) MANTENER SU HEGEMONÍA EN EL MUNDO CAPITALISTA ¿ CÓMO ?

SIGUIENDO EL SAQUEO DE LAS RIQUEZAS AJENAS.

PAÍS QUE SE VUELVE SOCIALISTA ES PAÍS QUE RECUPERA SUS RIQUEZAS.

Para evitar que las ideas socialistas pasen a la práctica y le den en la mother al capitalismo, el IMPERIO del POTOMAC tiene sus tropas estacionadas en medio mundo capitalista, como vimos.

En cuanto a la tal América Latina, la solución ha sido alquilar tropas nativas para que se encarguen del trabajo de cuidarles el negocio.

Los militares son pues los perros del Imperialismo...

¡Autodidactas los timbales! Los militares latins son egresados de escuelas gringas, como veremos ≫→

A PARTIR DE 1949, EL PENTÁGONO DECIDIÓ ENTRENAR A MILITARES LATINOAMERICANOS. SE PLANEARON VARIOS SISTEMAS:

115

ASÍ, LOS DISTINTOS SISTEMAS SE HAN VENIDO APLICANDO, A VECES CONJUNTA Y A VECES SEPARADAMENTE, CON BASTANTE ÉXITO: DE 1950 A 1980 FUERON ENTRENADOS UN TOTAL DE CASI **¡OCHENTA MIL MILITARES LATINOAMERICANOS!**

LAS PRINCIPALES ESCUELAS MILITARES PARA LATINOAMERICANOS (AUNQUE NO EXCLUSIVAS PARA ELLOS) SON:

FORT BRAGG
North Carolina

FORT GULICK
Canal Zone

FORT GORDON
Georgia

FORT CLAYTON
Panamá Canal Zone

FORT BENNING (Georgia) Y OTRAS SITUADAS EN TEXAS (no faltaba más) CALIFORNIA, UTAH y MARYLAND (la WEST POINT).

116

FORT GULICK, EN PANAMÁ, ES LA ESPECIALIZADA EN LA FORMACIÓN DE "RANGERS", BOINAS VERDES Y CUADROS ANTIGUERRILLEROS, (LA CONTRAINSURGENCIA, EN UNA PALABRA) Y HA SIDO BASTANTE CONCURRIDA:

→ ASISTENCIA A FORT GULICK

DE 1949 A 1973

ARGENTINA	565
BOLIVIA	2679
BRÁSIL	340
COLOMBIA	2105
COSTA RICA	193
CUBA (a 1959)	291
CHILE	1261
ECUADOR	2378
EL SALVADOR	775
DOMINICANA	804
GUATEMALA	1366
HAITÍ	51
HONDURAS	1726
MÉXICO	240
NICARAGUA	4119
PANAMÁ	2472
PARAGUAY	844
PERÚ	1907
URUGUAY	647
VENEZUELA	2846

Escuela de las Américas: La academia militar de la Guerra Fría

La School of Americas se fundó en 1946 en el Fuerte Amador, de la zona del canal, y en 1950 fue trasladada a otra base panameña en Fort Gulick.

CUANDO PANAMÁ RECUPERÓ LA SOBERANÍA SOBRE EL CANAL, LOS GRINGOS TUVIERON QUE DEJAR SU *ESCUELA DE LAS AMÉRICAS,* EL CENTRO DE ENTRENAMIENTO PARA POLICÍAS Y MILITARES QUE TENÍA EN FORT GULICK, EN LA ZONA DEL CANAL. PERO NO DESAPARECIÓ SINO QUE FUE TRASLADADA AL FORT BENNING, GEORGIA, USA.

LA *SOA* FUE CREADA COMO UNA ESCUELA DE COMBATE PARA ENSEÑAR TÉCNICAS DE CONTRAINSURGENCIA. SU OBJETIVO ERA COMBATIR A LAS GUERRILLAS, PERO TAMBIÉN ENSEÑAR A LOS MILITARES Y POLICÍAS PRÁCTICAS DE SABOTAJE, PERSECUCIÓN DE SOSPECHOSOS, TÁCTICAS DE ESPIONAJE, INFILTRACIÓN EN LOS SINDICATOS Y UNIVERSIDADES, INTERROGATORIOS Y TORTURAS.

ALGUNOS DE LOS EGRESADOS DE FORT GULICK DESTACARON COMO ASESINOS DE 6 MONJAS JESUITAS EN EL SALVADOR, OTROS PARTICIPARON EN LA MASACRE DEL MOZOTE DONDE MURIERON 900 CIVILES Y EN EL ASESINATO DE MONSEÑOR ROMERO EN 1990.

Otros egresados de la SOA fueron acusados oficialmente de atrocidades cometidas contra campesinos "protectores" de las guerrillas en Colombia.

Los peores torturadores en Perú, encargados de combatir a Sendero Luminoso, fueron egresados de la SOA, lo mismo que su jefe, VLADIMIRO MONTESINOS.

AIR MAIL

15¢

UNO PAGA TODOS Y TODOS PAGA UNO

USARCARIB

UNITED STATES ARMY CARIBBEAN SCHOOL FORT GULICK USA FOR LATIN AMERICA

CANAL ZONE

117

Por las aulas de esa escuela de terror y tortura que es la SOA han pasado hasta el año pasado 60,267 alumnos de cómo desestabilizar a un país . Hasta la fecha, sin embargo, sólo han sido acusados y detenidos 497 egresados, acusados formalmente de diversos crímenes. Gracias a sus conocimientos, *cientos de miles de latinoamericanos han sido torturados, violados, asesinados, desaparecidos, masacrados y obligados a refugiarse en otro país, por soldados y oficiales entrenados en esa escuela del crimen.*

David Suter / Usa

Y LUEGO SE PREGUNTAN LOS GRINGOS POR QUÉ NADIE LOS QUIERE .

La tarea de la SOA y de las otras escuelas gringas para adiestrar gente en la "lucha antiterrorismo" es lograr que sus egresados sepan sembrar el terror <u>mejor</u> que los terroristas enemigos. Oficialmente, claro, la tarea es *formar aliados fieles a los Estados Unidos y defensores de los sistemas democráticos...*(sí chucha).

Preparó militarmente el Pentágono en 22 años a mil 071 oficiales salvadoreños

▶ **Desde 1957, 16**

Jeanette

WASHINGTON, 25 de febre dos otorgó desde 1957 más

nismos de Ejemplificó ási

Entre los egresados más famosos de la Escuela de las Américas, destacan : OMAR TORRIJOS, MANUEL NORIEGA de Panamá / LEOPOLDO GALTIERI, ROBERTO VIOLA, JORGE RAFAEL VIDELA de Argentina / RÍOS MONTT y otros de Guatemala / HUGO BANZER de Bolivia / JUAN VELASCO ALVARADO Y VLADIMIRO MONTESINOS de Perú / CARLOS HTO. ROMERO de El Salvador /JUAN MELGAR CASTRO, POLICARPO PAZ GARCÍA de Honduras / ANASTASIO SOMOZA JR. de Nicaragua, PINOCHET de Chile... y más de 50 generales que fueron jefes de sus ejércitos.

NO, FOX SALIÓ DEL VATICANO.

MILITARES LATINOAMERICANOS ENTRENADOS POR U.S.A DE 1950 a 1976

ARGENTINA	3877
BOLIVIA	4249
BRASIL	8658
COLOMBIA	7030
COSTA RICA	698
CUBA (hasta 1958)	523
CHILE	6883
DOMINICANA	3945
ECUADOR	4815
EL SALVADOR	1925
GUATEMALA	3213
HAITÍ	593
HONDURAS	2888
MÉXICO	830
NICARAGUA	5167
PANAMÁ	4389
PARAGUAY	1774
PERÚ	7201
URUGUAY	2807
VENEZUELA	5498

TOTAL: 76,960 (HASTA 1976).

Siné / Francia

Un superhombre de la CIA

Luis Posada Carriles, un exiliado cubano entrenado por la CIA, colocó una bomba en un avión de pasajeros cubano, en 1976. Esto fue en la isla de Barbados. Al explotar el avión, murieron 73 civiles atletas cubanos. Preso en Venezuela, Posada Carriles salió de la cárcel por gestiones de la CIA y fue trasladado a El Salvador, a la base militar de los USA en ese país, para asesorar a la Contra, armada y financiada por la honorable CIA. No dudamos que también lo hayan condecorado en la Casa Blanca.

Sería interesante saber cuántos de los militares y policías mexicanos, de los torturadores y asesinos que llevaron a cabo la GUERRA SUCIA de los años 70's, fueron "educados" en la Escuela de las Américas y demás escuelitas del terror, orquestadas por la CIA. Sin olvidar, *plis*, que *en todas las embajadas gringas* funciona una oficina de la siniestra CIA.

TÍBET Y LA CIA

....

En 1950, China y el Tíbet firmaron un acuerdo de 17 puntos que convirtieron el teocrático país regido dictatorialmente por los lamas, en una "región nacional autónoma".

La CIA intervino luego luego para organizar el descontento de la población contra los chinos que, a decir verdad, se vieron medio represores contra los tibetanos. La ocupación del país fue brutal, con ejecuciones en masa, destrucción de lugares sagrados, trabajos forzados y confiscación de propiedades, con el fin de llevar a cabo una Reforma Agraria, etc, etc.

La CIA organizó una rebelión primero callada, que se volvió armada y sonora en 1959 en un levantamiento. Sofocado éste, los chinos sacaron del Tíbet al Dalai Lama que, acompañado de miles de seguidores acabó exiliado en la India, donde él y sus *fans* siguieron recibiendo el apoyo financiero y demás de la CIA.

Este apoyo terminó hasta la visita de Nixon a China, quien le prometió a Mao cesar las actividades de la agencia en el Tíbet.

....

Pero la CIA siguió interviniendo en China, utilizando a exiliados tibetanos y chinos, a los que entrenan todavía en la base gringa en Okinawa, de donde salen listos para organizar sabotajes y demás en el territorio chino.

En 1948 la presunta "inteligencia" de la CIA se equivocó feo al elegir dar apoyo a un corrupto general chino –Chiang Kai Shek–y negárselo al comunista Mao Tse Tung. Derrotado el general, huyó a la isla de Taiwán, donde hizo su "república" y siguió recibiendo sus dólares hasta morirse.

Feiffer / USA

Puig Rosado / España

PuigRosado

TRAS EL ÉXITO DE GUATEMALA, ESTADOS UNIDOS SE SIGUIÓ DE FRENTE EN SUS TRAVESURAS INTERNACIONALES. VEA USTED:

1953 / La CIA decide derrocar al rey Farouk en Egipto, por considerar que ya no sirve a sus intereses y la corrupción escandalosa en que ha caído. Mediante un golpe de estado, lo sustituyen por el gral. Naguib.

1955 / Imponen en Vietnam del Sur a Ngo Dihm Diem como presidente.
• Disturbios organizados por la CIA en Jordania, para presionar al gobierno a ingresar al Pacto de Bagdad.

1956 / Falla un golpe de estado en Siria y ésta se une a Egipto formando la RAU, República Árabe Unida.
• Organiza la CIA levantamientos "populares" en Polonia y Hungría, alentados por Radio Europa Libre. Ambos fracasan por la intervención soviética.
• Fallido intento por derrocar a Nasser en Egipto, para evitar la nacionalización del Canal de Suez.

1957 / Intento de golpe de estado en Indonesia para tumbar al presidente Sukarno, autor de una Reforma Agraria.

1958 / Disturbios populares NO organizados por la CIA hacen tambalear al primer ministro (pro-yanqui) Chamon en Líbano. Para apoyarlo, Estados Unidos envía la Flota del Mediterráneo y con 14 mil soldados ocupan el país.

1959 / Triunfan los rebeldes cubanos y huye el presidente Batista, apoyado por USA. Fidel Castro toma el poder e inmediatamente la CIA trata de matarlo.

1960/ Golpe militar en El Salvador contra el presidente Lemus. Lo sustituyen con una Junta Militar que promete NO tocar a la United Fruit.
• Golpe militar en Laos para imponer al gral. Phoumi Nosavan.

1961 / Tras 30 años en el poder, impuesto por los USA, el dictador dominicano Rafael Trujillo vuelve a ganar las elecciones, desoyendo el consejo del Departamento de Estado que le ordena cambios. Trujillo se niega, alegando que tiene trato directo con Dios, y la CIA lo asesina.
* Asesinato de Patricio Lumumba en el Congo.
* Invasión a Cuba por la bahía de Cochinos. Dada la importancia, va toda la película en las siguientes páginas.

BAHÍA DE COCHINOS, DESASTRE DE LA CIA

Cuando la CIA recibió de Ike Eisenhower la orden de preparar una invasión a Cuba, los jerarcas de la macabra agencia la vieron fácil...

Manejaron la ilusión color de rosa de que los cubanos estaban ansiosos de liberarse de Fidel Castro. Apenas era el año 1960, y casi todos los cubanos que "temían" al comunismo, ya habían emigrado a Miami.

Quedaban algunos que esperaban todavía que Estados Unidos pusiera fin al experimento cubano –que se había ganado el apoyo de millones de latinoamericanos y miles de europeos- que veían en Cuba la esperanza de un nuevo tipo de sociedad.

Podía decirse sin exagerar que en ese año 90 % de los cubanos estaba con Fidel Castro y apoyaba la Reforma Agraria, las nacionalizaciones de empresas gringas y, en general, todas las medidas revolucionarias llevadas a cabo por Castro.

Cuando Kennedy relevó en la Casa Blanca al pobre diablo de Eisenhower, heredó sin saber los planes de la invasión a la Cuba de Castro quien, incluso en los USA gozaba de enormes simpatías en las universidades y las comunidades latinas. Kennedy tampoco simpatizaba con la idea de una invasión, pero engañado por los informes de la CIA, siguió adelante con la organización, confiado en que los reportes de la CIA eran confiables y dignos de tomarse en serio.

MIRE PRESIDENTE: DENTRO DE OCHO DÍAS SE VA USTED A FUMAR UN BUEN HABANO EN VARADERO...

¿DÓNDE ESTUVO LA FALLA ?

Toda la información que manejó la CIA sobre Cuba procedía de fuentes nada confiables: hombres de negocio cubanos, antiguos policías del antiguo régimen batistiano, políticos quemados y corruptos, empleados (cubanos) de la Base Naval de Guantánamo y gente por el estilo, que NO conocían la realidad que se vivía en Cuba.

La CIA, por otra parte, había obtenido un gran "triunfo" en Guatemala al haber derrocado al presidente Arbenz, acusado de haber osado llevar a cabo una Reforma Agraria. Y pensaron, fácil y tontamente, que lo de Cuba podía ser tan fácil como lo de Guatemala. Con una ventaja: en Miami había miles de cubanos descontentos con Castro.

123

CUBA

Todo lo que tenía que hacer la CIA era reclutarlos, entrenarlos un poco y mandarlos a invadir la isla. Dentro de Cuba –calculaba la CIA– miles y miles de cubanos se levantarían en armas para apoyar la invasión.

Y colorín colorado...

Contando además con el apoyo de Nicaragua, Honduras y Guatemala para establecer en su territorio pistas de despegue para los aviones, campos de entrenamiento y puertos para los buques invasores, la CIA puso como fecha de la invasión el 17 de abril de 1961, por Playa Girón, que los gringos llamaban Bahía de Cochinos, por lo que, como todos saben, aquello resultó una cochinada. Todo salió mal desde el principio, y la CIA culpó del desastre a Kennedy por no haber permitido la participación directa de tropas USA en Girón.

BAHÍA DE COCHINOS Y LA MUERTE DE KENNEDY

La desastrosa invasión a Cuba del 61 fue liquidada en medio día por las tropas de Castro. Kennedy se covirtió en el hazmerreír de todos, pese a que no tuvo la culpa del fracaso.

La CIA, la culpable directa, fue puesta a un lado por JFK a partir de entonces y hasta el Congreso de los USA apoyó al presidente Kennedy en su crítica a la CIA que, dos años más tarde se cobraría en Dallas los agravios, asesinando al carismático Kennedy. (Y de pilón, más tarde, a su hermano Bob...) Los dos crímenes, y eso nadie lo duda, fueron por obra y gracia de la CIA. ¿Pues de quién más?

A partir de la frustrada invasión, ya ni los cubanos de Miami se creen los cuentos de la CIA, caballero...

Siné / Francia

1962 / En Argentina, golpe militar contra el presidente Frondizi, a quien encarcelan en la isla Martín García. El ejército lo sustituye por José Ma. Guido, quien suspende el Congreso. Frondizi se había negado a romper con Cuba y trató de controlar el petróleo, amén de que fue acusado por los militares de apoyar al peronismo.

1963 / Golpe de estado en Dominicana contra el presidente Juan Bosch, por coquetear con Cuba y negarse a romper relaciones.

* Asesinato en Dallas, Texas, del presidente John F. Kennedy,

* CRISIS DEL CARIBE. Ante la aparición de misiles soviéticos en Cuba, Estados Unidos protesta y decide bloquear la isla, hasta que Kruschov se lleve los misiles de regreso a la URSS. Kruschov contesta que, si tener misiles rusos en Cuba es una amenaza contra los USA, qué puede decir la URSS que está rodeada de misiles gringos por todas partes. Kennedy acepta retirar sus misiles de Turquía y promete NO intentar invadir Cuba jamás de los jamases.

* Golpe de estado en Argentina contra el presidente Guido. Washington sugiere que pongan como presidente a otro civil, para no descarar la cosa, y sube Arturo Ilia.

* Bloqueo contra Cuba, que persiste hasta !a fecha.

1964 / Golpe militar contra el presidente Joao Goulart por firmar un decreto de Reforma Agraria y otro sobre expropiación de compañías petroleras extranjeras. Sube al poder el Gral. Castelo Branco, quien anula los decretos y rompe con Cuba.

* En la Guyana, golpe de estado contra el presidente Cheddi Jagan, por intentar nacionalizar el aluminio, en poder de compañías gringas.

* La CIA crea en Vietnam el incidente del Golfo de Tonkín (remember the Maine) para declararle la guerra a Vietnam del Norte. <u>Ver adelante la Guerra de Vietnam.</u>

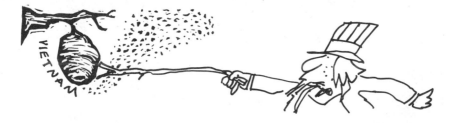

1965 / Golpe de estado en Indonesia contra el presidente Sukarno.

*Marines de USA invaden la República Dominicana para evitar el triunfo electoral de la izquierda dominicana, considerados pro-castristas.

1966 / Golpe militar en Argentina contra el presidente Ilia. Ya de plano los militares se apoderan del gobierno y ponen de presidente al gral. Juan Carlos Onganía.

* En Chile, la CIA impide el triunfo de Salvador Allende, candidato socialista.

1967 / Golpe militar en Bolivia contra Paz Estenssoro.

     * La CIA organiza la persecución y captura de la guerrilla del Che Guevara, quien es asesinado por militares y agentes de la CIA.

     * Asesinan en Los Ángeles al senador Robert Kennedy, candidato demócrata a la presdencia. Se culpa a la CIA de organizar el atentado.

     * Golpe militar en Grecia. Los coroneles griegos, apoyados por la CIA, toman el poder y liquidan la democracia.

En la mayoría de los golpes militares propiciados por el Tío Sam, el gobernante depuesto (por rojo e izquierdoso) era sustituido por un militar de derecha, represor, fascista y asesino...

QUIEN LUEGO LUEGO ENTREGABA LA ECONOMÍA A LOS GRINGOS.

Y ES CUANDO UNO SE PREGUNTA, SUMIDO EN LA INGENUIDAD...

¿ LES TENEMOS QUE DAR LAS GRACIAS A LOS ESTADOS UNIDOS POR IMPONERNOS COMO GOBERNANTES A ESOS MATONES, VENDEPATRIAS Y RATEROS ? ¿ ESPERA EL TÍO SAM QUE LOS HABITANTES DE ESOS PAÍSES LES APLAUDAN POR VOLVERLOS CADA DÍA MÁS POBRES ?

¿ALGÚN DÍA ENTENDERÁN EN WASHINGTON QUE NO QUEREMOS MÁS TANQUES Y AVIONES PARA MASACRAR A NUESTRA PROPIA GENTE, URGIDA DE COMER Y TENER UN TRABAJO DECENTE Y CASA DONDE VIVIR EN PAZ Y ESCUELAS DONDE ESTUDIAR PARA SALIR DEL MALDITO ATRASO...?

Hugo Díaz, Costa Rica

Siné / Francia

Y SIGUE LA MATA DANDO...

....

1968 / Matanza de Tlateloco en México. Agentes de la CIA intervienen directamente.
   Kissinger descarrila las Pláticas de Paz con Vietnam en París.
   Golpe militar en Perú derroca al presidente Belaunde Terry.

....

1969 / En Argentina, asesinato del líder sindical Timoteo Vandor.
   Estados Unidos bombardea Camboya, con un saldo de 60 mil muertos.
   Aviones USA bombardean Laos, matando a 350 mil personas.

....

1970 / Derroca la CIA al príncipe Sihanouk en Camboya.
   Asesinato del líder sindical peronista José Alonso.
   Secuestro y asesinato en Argentina del gral. Aramburu.
   Golpe militar en Argentina. Deponen al presidente Onganía.
   Golpe militar en Bolivia contra el presidente Ovando, por nacionalizar el petróleo,
que pone en el poder a una Junta militar. Pero un contragolpe nacionalista hace triunfar
al gral. Torres, que pasa a ser presidente.

....

1971 / Bangladesh. Golpe militar para imponer al gral. Yahya Khan, favorito de Kissinger.
En la guerra civil que se provoca, mueren más de 500 mil personas.
   Asesinato de Olaf Palme en Oslo, Noruega. Se culpa a la CIA.
   Misteriosa muerte del gral. Torrijos en accidente aéreo en Panamá.

....

1972 / Bombardean Hanoi en plena Navidad. Miles de civiles muertos.

....

1973 / Golpe militar en Chile contra el presidente Allende, con participación directa
de la CIA y aviones USA. Allende había nacionalizado el cobre. Se suceden masacres.
   Las Fuerzas Armadas disuelven el parlamento en Uruguay.

EL CUBANO DE LA CIA QUE LOCALIZÓ AL CHE

Un agente de la CIA, el cubano Gustavo Villoldo, persiguió al Che Guevara desde La Habana pasando por África y Europa, hasta Bolivia, donde presenció su captura, asesinato y entierro de sus restos.

Todo empezó el 10 de enero de 1959, al llegar un grupo de milicianos dirigidos por el Che a *Villoldo GM*, la agencia de automóviles y ensamblaje que Gustavo Villoldo padre tenía en La Habana. El Che ordenó la ocupación del negocio con casi 400 vehículos nuevos, alegando que la empresa había recibido trato preferencial de parte de Batista. No pudiendo recuperar su negocio, Villoldo se suicidó el 16 de febrero de ese año y diez días después su familia salió a refugiarse a Miami.

Gustavo Villoldo, hijo del suicida, se declaró anticastrista e ingresó a la CIA en 1964, después de haber participado en la frustrada invasión de Bahía de Cochinos y en 30 o 40 operaciones contrarrevolucionarias dentro de Cuba.

En 1965 la CIA le ordenó localizar al Che y Villoldo se trasladó al Congo, donde por poco lo atrapa al salir huyendo y derrotado a Tanzania. Después lo localizó en Praga y Bulgaria, para ubicarlo finalmente en Bolivia, donde asesoró a los Boinas Verdes que entrenaban y dirigían al batallón de Rangers bolivianos que perseguían al ya localizado guerrillero argentino.

Villoldo interrogó primero a Regis Debray "que habló hasta por los codos". Al que no pudo interrogar fue al Che, que fue materialmente secuestrado por los Rangers bolivianos y asesinado por dos de ellos por órdenes del dictador Barrientos. En cambio, participó personalmente en el entierro llevado a cabo el 9 de octubre de 1967. Y fue Villoldo quien escribió a la hija del Che, Aleida, sobre la localización exacta de la tumba del Che.

Es curioso que sin la ayuda del agente de la CIA, Cuba no hubiera podido tener en Santa Clara el monumento al Che con sus restos incluidos...

RECOMPENSA
Se ofrece la suma de 50.000.- Pesos bolivianos (Cincuenta millones de bolivianos), a quién entregue vivo o muerto, (Preferiblemente vivo), al guerrillero Ernesto "Che" Guevara, de quién se sabe con certeza de que se encuentra en territorio boliviano.

3 TIROS 3 CON LA MARCA DE LA CASA.

ALDO MORO Y LA CIA

Ginadadelio Maletti que fue General encargado del principal departamento militar italiano de contraespionaje, y posteriormente acusado y encarcelado por ayudar a dos neofascistas a huir tras un atentado dinamitero en Milán. Al decir de Maletti, los atentados y sabotajes que se dieron en los 70's en Italia, fueron organizados por la CIA, para evitar que el país se fuera demasiado a la izquierda. Los grupos de extrema derecha de Italia recibían financiamiento y materiales explosivos provenientes de Alemania. Toda esta información ha venido siendo publicada por el diario romano *La Republica*, inacusable de comunista.

En cuanto al asesinato del primer ministro Aldo Moro, efectuado por las Brigadas Rojas, no se acusa a la CIA de haber participado, sino de haber hecho fracasar los intentos de rescatarlo con vida.

EL ASESINATO DE OLAF PALME, PRIMER MINISTRO SUECO, CONSUMADO EN 1986, DURANTE LOS GOBIERNOS DE MARGARET TATCHER Y MR. RONALD REAGAN (¡ qué especímenes !) Y QUE <u>NO</u> HA SIDO ACLARADO HASTA LA FECHA, APUNTA SIN EMBARGO A LA CIA. DURANTE MUCHO TIEMPO SE CREYÓ QUE LOS ASESINOS HABÍAN SIDO MIEMBROS DE LA POLICÍA SECRETA SUDAFRICANA, INCLUSO SE DETUVO A CRAIG WILLIAMSON, QUIEN SE DECLARÓ CULPABLE DE TRES ASESINATOS...PERO NO DEL DE OLAF PALME. Y SI CONSIDERAMOS QUE PALME Y SU PARTIDO HABÍAN HECHO DE SUECIA UN MODELO DE "SOCIALISMO EN LIBERTAD" Y UN ESTADO DE BIENESTAR SOCIAL, CONTRARIO AL TIPO DE PAÍS QUE LA YUNTA TATCHER-REAGAN QUERÍAN ESTABLECER EN EL MUNDO, PUES HABÍA QUE ACABAR CON ESE MAL EJEMPLO...
POCO DESPUÉS DE LA MUERTE DE PALME, EL PARTIDO SOCIALDEMÓCRATA PERDIÓ SORPRESIVAMENTE LAS ELECCIONES... Y SUECIA INGRESÓ AL CLUB DE PAÍSES PARTIDARIOS DE LA <u>ECONOMÍA DE MERCADO Y LA LIBERTAD DE COMERCIO</u>...

EL BOGOTAZO, LA CIA Y GAITÁN

Gabriel García Márquez, en sus formidables Memorias nos habla de la muerte de Jorge Eliécer Gaitán, señalando la extraña forma en que murió su <u>presunto asesino</u>, Juan Roa Sierra, linchado por una multitud y sin posibilidades –claro– de hacerlo confesar. Su hija Gloria ha seguido la pista del asesinato del doctor, que estaba por ganar las elecciones colombianas. Gloria aporta datos sólidos que llevan directamente a la CIA como autora intelectual del crimen. Estos datos son:
1) la presencia del agente de la CIA Mepples Spirito en Bogotá, encargado de comprar a Gaitán ofreciéndole un viaje a USA y dinero; 2) la confirmación de lo anterior por el entonces embajador gringo, John C. Wiley, quien "sugiere" dar el siguiente paso: eliminar a Gaitán simulando un crimen pasional, 3) la pistola con que fue muerto era del jefe de la Policía, Virgilio Barco, quien al preguntarle los agentes que aprehendieron al asesino, qué hacían con él, les respondió: "Déjenselo a la multitud", y 4) la CIA y el Departamento de Estado se han negado a abrir sus archivos al respecto, lo mismo que la Seguridad Cubana, pues el tal Mepples Spirito era agente doble.. ¿Qué os parece?

VIETNAM, LA GUERRA del TERROR

En 1954 las tropas francesas que defendían una de las joyas del Imperio Colonial, fueron derrotadas y humilladas en la batalla de Dien Bien Phu, a pesar del apoyo de aviones norteamericanos, por las guerrillas de un país sumido en el feudalismo y el subdesarrollo: Vietnam. Sin embargo, pese al triunfo de los jóvenes dirigidos por Ho Chi Minh, perdieron en la mesa de negociaciones en Ginebra la mitad del país: Francia "accedió" a dividirlo en dos mitades, el Norte y el Sur. Dos años más tarde habría elecciones para reunificar el país.

PERO...

Los Estados Unidos consideraron que, de haber elecciones, las ganarían fácilmente los comunistas del Tío Ho, que tenían a su favor el prestigio de haber sacado a los franceses. Eisenhower y el Pentágono declararon entonces que "Vietnam era un importantísimo objetivo militar". O sea que:

NO PODÍAN PERMITIR QUE VIETNAM FUERA COMUNISTA

Porque un "efecto dominó" convertiría a todo el sudeste asiático en una cadena comunista: Laos, Cambodia, Burma, Singapur, Tailandia, Filipinas y hasta la India se volverían socialistas.

Picha / Bélgica

131

Para evitar tamaña catástrofe, el Tío Sam impuso en Vietnam del Sur a un presidente "amigo" : Ngo Dinh Diem, proveyéndolo con millones de dólares para hacer un gobierno anticomunista que asegurara un triunfo electoral a favor de la "democracia" y el mundo libre. Pero Diem resultó un pillo redomado (pero pro-yanqui) que se dedicó a perseguir y encarcelar a los comunistas y a desoír a los cientos de asesores norteamericanos que Washington le había enviado. Llenó su gobierno de parientes que sólo robaban y, en el colmo de torpezas cometidas, ignoró y canceló las elecciones programadas para 1956. Diem, apoyado por Washington, decidió que NO habría elecciones y que Vietnam seguiría dividido en dos mitades...

WHO'S GOT THE CREDIT CARD

Así las cosas, las fuerzas progresistas (comunistas y liberales) de Vietnam del Sur fundaron el Frente Nacional de Liberación de Vietnam del Sur, llamado **VIET-CONG** en vietnamita. Obviamente, recibieron apoyo del Tío Ho y se dedicaron a tratar de sacar al corrupto e incompetente Diem del gobierno. Diem apretó la represión y obligó al Viet-cong a pasar a la lucha armada, organizándose las primeras guerrillas contra Mr. Diem. El dictador pro-yanqui pidió auxilio a Washington, que empezó a enviar a Vietnam del Sur asesores militares. Así empezó todo el relajo...

Con la llegada de las tropas yanquis a Vietnam del Sur el país sufrió una transformación al surgir por todo el país aeropuertos militares, puentes, carreteras, enormes tiendas y supermercados, puertos, torres de comunicaciones sofisticadas, hospitales militares y lujosas oficinas para el alto mando militar. Asimismo, aumentaron y mejoraron las cárceles y se establecieron campos de concentración para alojar a los vietcongs. Para fines de 1965 había ya en Vietnam del Sur... 185,000 tropas gringas...

En consecuencia, floreció la prostitución, los bares, los hoteluchos de paso, los burdeles, el narcotráfico, el mercado negro y la persecución al budismo-comunismo.

El Pentágono estimaba que en 1971 el 30% de las tropas consumía heroína y opio. Y el 60 % , marihuana.

KISS FOR PEACE

Ungerer / Alemania

IMPOSIBILITADOS DE FRENAR A LOS VIETCONGS, LOS MEJORES GUERRILLEROS DEL MUNDO, LOS ESTADOS UNIDOS DEDICARON SUS ESFUERZOS A **ARRASAR** VIETNAM DEL NORTE, Y LA PARTE DEL SUR DONDE LOS VIETCONGS OPERABAN EXITOSAMENTE.

LOU MYERS/Politicks Magazine

¡AHI LES VA SU DEMOCRACIA!

BOMBARDEOS INDISCRIMINADOS DE ALDEAS, LLUVIA DE
NAPALM Y DEFOLIADORES SOBRE LAS SELVAS, TRASLADO
DE DECENAS DE MILES DE CAMPESINOS FUERA DE SUS
ALDEAS, CIERRE DE ESCUELAS Y UNIVERSIDADES POR
CONSIDERARLAS SEMILLEROS DE VIETCONGS, DESTRUC-
CIÓN Y SAQUEO DE CIENTOS DE ALDEAS CAMPESINAS,
ASESINATOS EN MASA, MILES DE CIVILES PUESTOS EN
CAUTIVERIO POR CONSIDERÁRSELES APOYANTES DE LOS
COMUNISTAS... EN FIN: LA DEMOCRACIA DEL TERROR EN
TODO SU ESPLENDOR HOLLYWOODESCO...

Chumy Chumez / España

134

Otro trozo del Viet-Nam que ya pertenece al mundo libre.

LA DE VIETNAM FUE LA PRIMERA GUERRA QUE PASÓ POR TE-
LEVISIÓN EN ESTADOS UNIDOS Y LAS IMÁGENES QUE VEÍA
LA GENTE DE SOLDADOS NORTEAMERICANOS QUEMANDO
LAS CASAS DE POBRES CIVILES VIETNAMITAS DESARMADOS
IMPACTARON AL PÚBLICO GRINGO QUE EMPEZÓ A PREGUN-
TARLE A JOHNSON: ¿QUÉ DIABLOS HACEMOS EN VIETNAM?
EN RESPUESTA, EL GOBIERNO ORDENÓ... QUE ESAS ESCENAS
DEJARAN DE PASAR POR LA TELEVISIÓN Y EL CINE.

Karlsson / Suecia

¿QUÉ DIABLOS TENÍAN QUE HACER LAS TROPAS DE LOS ESTADOS UNIDOS EN VIETNAM ?

Ésa fue la pregunta que John F. Kennedy le hizo a Eisenhower cuando éste le entregó la presidencia. Según testigos de la pregunta, el famoso Ike se hizo pato y le dejó a JFK el paquete vietnamita.

La CIA quería la guerra, la súper poderosa industria bélica quería la guerra, el h. Pentágono igual. Kennedy NO la quería, después del fracaso en

Corea... PERO la tuvo que llevar adelante por la presión de todos ellos.

A fines de 1961 ya había 3 mil soldados gringos. Un año después, el personal militar alcanzaba los 12 mil. Kennedy seguía oponiéndose a entrar a la guerra y a duras penas accedía a mandar más tropa.

Chumy Chumez / España

De modo y manera que el 22 de noviembre de 1963 en la mañana de Dallas, John F. Kennedy fue despachado por los que _sí_ querían la Guerra...

MUERTO KENNEDY, SU POBRE SUCESOR LYNDON JOHNSON DECLARÓ ANTES QUE EL CADÁVER SE ENFRIARA QUE... _LOS ESTADOS UNIDOS NO VAN A PERDER VIETNAM,_ COMO SI VIETNAM LES PERTENECIERA O SE LOS HUBIERA HEREDADO UNA TÍA RICA...

Y PARA FORZAR LA GUERRA NO-DECLARADA LA CIA INVENTÓ EN EL GOLFO DE TONKÍN UN INCIDENTE ENTRE UN BUQUE GRINGO Y UNAS CAÑONERAS DE VIETNAM DEL NORTE, CON LO CUAL ESTADOS UNIDOS DECLARÓ LA GUERRA A VIETNAM DEL NORTE.

PARA FINES DE 1967 LAS TROPAS YANQUIS SUMABAN 490 MIL, Y VISTO LO MAL QUE IBAN LAS COSAS, EL PENTÁGONO PIDIÓ 200 MIL MÁS. JOHNSON ACEPTÓ MANDAR SÓLO 20 MIL: YA HABÍAN MUERTO CASI 40 MIL NORTEAMERICANOS.

(PORQUE YA LOS ESTABAN MATANDO <u>SIN</u> DECLARARLES LA GUERRA.)

Ungerer / Alemania

137

DISPUESTO A GANAR LA GUERRA AL COSTO QUE FUERA, USA ENVIÓ AL FRENTE A SUS MEJORES TROPAS CON LOS MEJORES GENERALES Y CON LAS MEJORES Y MÁS SOFISTICADAS ARMAS, MÁS MILLONES Y MILLONES DE DÓLARES PARA EL APOYO DE TODOS ELLOS Y DE SUS "ALIADOS" VIETNAMITAS QUE SE SEGUÍAN ROBANDO LO QUE PODÍAN. PERO NI ASÍ GANÁBAN LA GUERRA...

Ungerer / Alemania

Vietnam le estaba costando muchísimo dinero y muchas vidas de soldaditos norteamericanos. En todo el mundo había marchas y protestas contra Estados Unidos.

Zingerl / Alemania.

¡¡HASTA EN LOS ESTADOS UNIDOS....!!

POR PRIMERA VEZ EN SU HISTORIA, EL PUEBLO GRINGO SE OPUSO A UNA GUERRA

IN GOD WE TRUST

GIGANTESCAS MANIFESTACIONES
SE DIERON EN LAS PRINCIPALES
CIUDADES GRINGAS, MIENTRAS
CIENTOS DE JÓVENES SE NEGABAN
A SER ENROLADOS PARA MORIR
EN VIETNAM... HUYENDO A
MÉXICO O CANADÁ...

PEACE NOW

Y NIXON SE VIO
OBLIGADO A PEDIR
LA PAZ, CON ALIVIO
DE TODO EL MUNDO,
MENOS DE LOS
ESTADOS UNIDOS QUE,
ADEMÁS DE PERDER
LA GUERRA, SE
VIERON OBLIGADOS
A SEGUIR SIENDO
GOBERNADOS POR
LOS MATONES
NIXON Y DON
KISSINGER...

T.Ungerer / Alemania

139

TRUMAN, EISENHOWER, NIXON, REAGAN, BUSH...
¿Cuál ha sido el peor terrorista que han dado los USA?

Es difícil encontrar al Número Uno. Por lo menos podemos decir, ya con
conocimiento de causa, que el peor de todos ha sido <u>republicano</u>, pues
aunque entre los <u>demócratas</u> también se les encuentran pecadillos de
terrorismo de estado a KENNEDY, CARTER, JOHNSON O CLINTON, no
hay comparación con los feroces halcones republicanos.
Todos, unos más que otros, han preferido en sus relaciones con sus
vecinos lejanos o cercanos, USAR LA FUERZA ANTES QUE LA
DIPLOMACIA. MANEJAR EL TERROR, EL ROBO Y EL CRIMEN, ANTES
QUE EL DIÁLOGO Y EL ENTENDIMIENTO.
Mejor la GUERRA que la PAZ, entendiendo que es muchísimo mejor
negocio la guerra que la paz.
Es decir, en sus tratos con el mundo, Estados Unidos ha puesto por
encima de todo <u>lo que sea buen negocio</u>.

EN LA HISTORIA DE LOS SECRETARIOS
DE ESTADO YANQUIS, ABUNDANTE EN
TENEBROSOS ESPECÍMENES, DESTACA
SIN EMBARGO COMO UNO DE LOS
PEORES EL JUDEO-ALEMÁN-GRINGO
Henry Kissinger
SECRETARIO DE ESTADO DURANTE EL
TERRORÍFICO GOBIERNO DE
Richard Milhouse Nixon
TAMBIÉN CONSIDERADO EL PEOR DE
ENTRE LOS PEORES PRESIDENTES QUE
HAN TENIDO LOS UNITED STATES.

¡SE EQUIVOCAN!
CON <u>NIXON</u> FUI EL
PRESIDENTE DEL CONSEJO
DE SEGURIDAD NACIONAL,
Y CON <u>REAGAN</u>, SU
SECRETARIO DE
ESTADO...

Klaus Albrecsen / Dinamarca

LA DOCTRINA REAGAN-KISSINGER, O DIOS LOS CRÍA Y ELLOS SE JUNTAN...

El mediocre actor de cine y peor presidente, RONALD REAGAN, puso en práctica en los años de su reinado, la doctrina inventada por su brillante secretario de Estado, el míster HENRY KISSINGER.
En breves palabras fue así:

Moss / USA

AL SURGIR UN GOBIERNO QUE DA SEÑALES DE CIERTO "IZQUIERDISMO" O LIBERALISMO DEMOCRÁTICO, CON CIERTA TENDENCIA QUE PUEDA SER CALIFICADA DE "SOCIALISTA" –COMO UNA REFORMA AGRARIA O LA PRETENSIÓN DE IGUALDAD EN EL COMERCIO– , AL ACERCARSE A LOS usa Y TRATAR DE CONSEGUIR CRÉDITOS, AYUDA FINANCIERA O ARMAS, <u>SE LE NIEGAN</u>.
ESTO OBLIGA AL TAL GOBIERNO A *ACERCARSE CON LOS MISMOS FINES A LA UNIÓN SOVIÉTICA*.
CUANDO ELLO OCURRE, EL TAL PAÍS ES SEÑALADO POR TODOS LOS MEDIOS COMO "PRO-COMUNISTA" (AUNQUE NO LO SEA), CON LO CUAL LOS ESTADOS UNIDOS TIENEN EL PRETEXTO PARA INTERVENIR (MILITARMENTE, DE PREFERENCIA) Y SACAR A ESE GOBIERNO, PARA SUPLIRLO CON UNO QUE SIMPATICE PLENAMENTE CON WASHINGTON.

Con esa doctrina, Estados Unidos acabó con el gobierno democrático de Salvador Allende en Chile, y estableció gobiernos militares en Brasil, Argentina, Uruguay, Indonesia, Irán, Nicaragua, etc.

David Suter / USA

The M.A.D.
(Mutual Assured
Destruction)
Man (1975)

LO MÁS INCREÍBLE EN LA CARRERA DE ESTE ASESINO DE PUEBLOS, ES QUE EN 1973 LE HAYAN OTORGADO EL *PREMIO NOBEL DE LA PAZ*... EN EL MISMO AÑO EN QUE KISSINGER MANDÓ ACABAR CON LA DEMOCRACIA EN CHILE.

(Nada raro sería que un día de éstos le den el Nobel de la Paz a don Ariel Sharon por su intento tenaz de acabar con el pueblo palestino con ayuda del Tío, claro.)

MENTIROSO, INTRIGANTE, MARRULLERO Y FARSANTE, EL DR. KISSINGER ES REQUERIDO POR LAS AUTORIDADES JUDICIALES DE FRANCIA, CHILE, DINAMARCA, BÉLGICA Y ARGENTINA, ACUSADO DE CRÍMENES DE GUERRA; INVOLUCRADO, ENTRE OTRAS CO-SAS, EN LA PROLONGACIÓN DE LA GUERRA DE VIETNAM, EL ASESINATO DE CENTENAS DE MILES DE CIVILES EN LAOS, CAMBOYA, BANGLADESH, CHILE Y TIMOR ORIENTAL, PESE A LO CUAL, W.C.BUSH JR. LO ACABA DE NOMBRAR SU ASESOR EN MATERIAS DE SEGURIDAD PARA INVESTIGAR LAS FALLAS DE LA CIA EL 11 DE SEPTIEMBRE...

CHÍLE

CORREOS DE CHILE

DUEÑOS DE NUESTRO PROPIO DESTINO

UNCTAD III   ABRIL-MAYO
1972

CHILE SOLO VA A PROGRESAR SOBRE LA BASE DE UN PUEBLO ORGANIZADO, DISCIPLINADO Y CONSCIENTE, QUE TRABAJE MAS Y QUE PRODUZCA MAS.
PRESIDENTE ALLENDE

E⁰ 0.35

AMÉRICA LATINA CELEBRA OTRO 11 DE SEPTIEMBRE MÁS TRÁGICO QUE EL DE LAS TORRES GEMELAS NEOYORQUINAS, SÓLO QUE EL NUESTRO FUE POR OBRA Y GRACIA DE OSAMA EL TÍO SAM, EL TERRORISTA MÁS PELIGROSO DE TODOS LOS TIEMPOS. EL 11 DE SEPTIEMBRE DE 1973, EL EJÉRCITO CHILENO, APOYADO POR ESTADOS UNIDOS, SE LEVANTÓ EN ARMAS CONTRA EL GOBIERNO ELEGIDO DEMOCRÁTICAMENTE DE SALVADOR ALLENDE, CREANDO UNA DICTADURA DE TERROR Y SANGRE, CON EL APLAUSO DE WASHINGTON.

Naranjo / México

143

Desde 1970 Kissinger y la CIA prepararon al detalle la campaña para derrocar al presidente electo de Chile, Salvador Allende.
Su pecado: simpatizar con Cuba y especialmente, sus planes –nada secretos– de <u>nacionalizar el cobre chileno</u>, que estaba en las manos de la *Anaconda Cooper* y la *Kennecot Cooper*, todopoderosas empresas yanquis.

(NO ES ÉSTE EL ESPACIO PARA CONTAR TODOS LOS CRÍMENES QUE COMETIÓ PINOCHET, EL AHIJADO DE KISSINGER, CONTRA CHILE.)

LA APERTURA DE ALGUNOS ARCHIVOS HA DEMOSTRADO PLENAMENTE LO QUE MUCHOS IZQUIERDOSOS YA HABÍAN DENUNCIADO: <u>QUE EL GOBIERNO DE LOS USA HABÍA PARTICIPADO DIRECTAMENTE, MEDIANTE EL SOBORNO, EL ESPIONAJE Y EL FINANCIAMIENTO, EN LA CAÍDA DE ALLENDE.</u>
MILLONES DE DÓLARES FUERON ENTREGADOS A LOS GRUPOS DERECHISTAS ENEMIGOS DE ALLENDE –INCLUIDO EL EJÉRCITO CHILENO– PARA ORGANIZAR LOS PAROS Y HUELGAS QUE ANTECEDIERON AL GOLPE MILITAR.

TIM / Francia

CHILE
SE PONE
PANTALONES
LARGOS

ahora el cobre es chileno!!

AL HABLAR DE LOS GOBIERNOS MILITARES DE CHILE, ARGENTINA, BRASIL, BOLIVIA, GUATEMALA, EL SALVADOR, URUGUAY Y HONDURAS, EL SRIO. DE DEFENSA ROBERT McNAMARA, ASÍ SE EXPRESÓ:
"*ELLOS SON LOS NUEVOS LÍDERES. NO NECESITO EXPLAYARME SOBRE EL VALOR DE TENER EN POSICIONES DE LIDERAZGO A HOMBRES QUE PREVIAMENTE HAN CONOCIDO DE CERCA CÓMO PENSAMOS Y HACEMOS LAS COSAS LOS AMERICANOS. HACERNOS AMIGOS DE ESOS HOMBRES NO TIENE PRECIO...*"

(Bueno, <u>sí</u> tiene precio: si el pueblo de los Estados Unidos conociera lo que se han gastado sus gobernantes en comprar, entrenar, financiar y sobornar a los militares latinoamericanos, es posible que se levantara en armas contra Washington.)

144

→ ESTADOS UNIDOS NO PODÍA "PERMITIR" QUE CHILE ESCAPARA DE SU DOMINIO.

¡NO VAMOS A PERMITIR OTRA CUBA!

"EL CONTINENTE DE LA LIBERTAD"

Vadillo / México

(Y NO LA PERMITIERON...Y SIGUEN BLOQUEANDO A CUBA...)

"HOY, ESTADOS UNIDOS DOMINA PRÁCTICAMENTE TODO EL CONTINENTE, Y SU VOLUNTAD ES LEY PARA TODOS AQUELOS PAÍSES A QUIENES EXTIENDE SU INFLUENCIA ."
Richard Olney, Srio. de Estado

HAITÍ NO LES GUSTÓ POR TANTO NEGRO

En Haití hay mayoría negra. Tuvieron una guerra para abolir la esclavitud y la ganaron. El Tío Sam ocupó la bella isla durante 20 años y en ese país 100 % negro introdujo la segregación racial y el régimen de trabajos forzados. En 1922 mataron a 1,500 obreros que trataban de hacer una huelga contra patrones gringos, y cuando el gobierno haitiano se negó a entregar el Banco Central al National City Bank de New York, los gringos suspendieron los pagos al presidente y su gabinete "para que recapacitaran"...

En Haití la Embajada nombra a los presidentes.

145

Resulta de lo más curioso que hasta la fecha TODOS los presidentes que han tenido los status hayan sido <u>BLANCOS, DE FAMILIAS ACOMODADAS Y MILLONARIOS</u>. Ya desde la famosa Independencia, los dirigentes de la guerra contra los Ingleses eran de esa calaña, terratenientes de sangre azul. Los de hoy quizá no tengan sangre azul, pero sí son accionistas de empresas bélicas y petroleras...

IF YOU LIKED VIETNAM, YOU'LL LOVE THIS ONE!

ANGOLA

PRODUCED AND DIRECTED BY HENRY KISSINGER
STARRING THE C.I.A. AT A COST OF MILLIONS

RATED
TOP SECRET

Conrad / USA

1975 / Intervención de USA en Angola.
    La isla de Timor Oriental es invadida por Suharto, con apoyo de Kissinger, muriendo más de 100 mil personas asesinadas por las tropas indonesias.

1976 / Atentado de la CIA en Barbados contra avión comercial cubano. Mueren todos.
    Golpe militar en Uruguay contra el presidente Bordaberry.

1978 / Golpe militar en Argentina contra Isabel Perón.
    Asesinato del presidente Torres en Bolivia.

PARTIR DE 1980 LA CIA Y WASHINGTON DEDICAN MÁS ARMAS Y DINERO PARA DESESTABILIZAR EL MEDIO ORIENTE Y LOS PAÍSES ÁRABES, FORTALECIENDO A ISRAEL, BOMBARDEANDO LIBIA E INTERVINIENDO EN ARABIA SAUDITA, AFGANISTÁN (apoyando talibanes contra la invasora URSS) Y LA ANTIGUA YUGOSLAVIA, DONDE LA CIA PROPICIA DIVISIONES ÉTNICAS Y RELIGIOSAS. LOS AÑOS 80'S VEN LA INVASIÓN DE LA ISLA DE GRENADA, LA "TOMA" DE PANAMÁ, LA GUERRA SUCIA CONTRA NICARAGUA, LA INTERVENCIÓN ABIERTA EN EL SALVADOR, EL CESE DE CRÉDITOS A COSTA RICA POR BUSCAR LA PAZ EN NICARAGUA Y LA GUERRA DE LAS MALVINAS, DONDE A WASHINGTON "SE LE OLVIDA" LA DOCTRINA MONROE.

UN VIEJO CHISTE
LATINOAMERICANO

(¿ POR QUÉ NUNCA HA
HABIDO UN GOLPE DE
ESTADO EN LOS USA ?
–Porque ahí no hay ninguna
Embajada gringa...)

NINGÚN PAÍS DE
AMÉRICA LATINA
HA SALIDO ILESO
DE SU RELACIÓN
CON EL TÍO DEL
NORTE,
EMPEZANDO POR
MÉXICO Y
TERMINANDO EN
LA TIERRA DEL
FUEGO.

Hasta la fecha, <u>ningún</u> país de esta
AMÉRICA LETRINA
se ha salvado de ser invadido, inter-
venido, despojado, haber sufrido algún
golpe de estado o haber sido explotado
(desde luego) por el Tío Sam.
MÉXICO, GUATEMALA, COSTA
RICA, HONDURAS, EL SALVADOR
NICARAGUA, PANAMÁ, PERÚ,
COLOMBIA, VENEZUELA, CHILE,
ECUADOR, BOLIVIA, BRASIL,
URUGUAY, PARAGUAY, CUBA,
PUERTO RICO, ARGENTINA,
HAITÍ, DOMINICANA Y LAS ISLAS
DEL CARIBE...
Y DE TODOS ESOS PAÍSES, ES
PROBABLE QUE EL MÁS PERJUDI-
CADO POR LAS AMBICIONES
YANQUIS HAYA SIDO LA POBRE
<u>NICARAGUA</u> .

(NUESTRO HIJO
DE PUTA)
Interrogado en una ocasión el
secretario de Estado John
Foster Dulles, sobre por qué
Estados Unidos apoyaba a un
hijo de puta como Somoza, el
dictador nicaragüense, Dulles
contestó :
" *Sí, es un hijo de puta, pero es
<u>nuestro</u> hijo de puta.* "

Zapata / Venezuela

147

AY NICARAGUA, NICARAGÜITA...

Roger / Nicaragua

LA REVOLUCIÓN SIN FRONTERAS

Quizás el peor crimen de terrorismo cometido por los Estados Unidos contra un pequeño y desarmado país, fue el que llevaron a cabo contra Nicaragua en los años 80's. Tras una larga temporada de guerra de guerrillas contra los Somoza, una de las peores dinastías de dictadores que ha sufrido Centroamérica, los **Sandinistas** sacaron al tirano, creándose una Junta de Gobierno donde <u>otras fuerzas políticas</u> fueron incluidas. Poco después, en elecciones libres y supervisadas por organismos internacionales, los Sandinistas subieron al poder.

Ya en la presidencia, los jóvenes sandinistas impulsaron una serie de reformas para sacar a Nicaragua del terrible subdesarrollo, sin llegar a ser medidas "tipo cubano" ni mucho menos. No cerraron ningún periódico, no nacionalizaron ninguna empresa gringa, no establecieron ningún régimen socialista ni optaron por declararse "marxistas-leninistas", ni declararon nunca que serían "otra Cuba".

El Sandinismo se ganó las simpatías de todo el mundo, empezando por México y los países europeos y latinoamericanos, que ayudaron a Nicaragua en su intento por salir del atraso brutal en que vivían.

Por primera vez en su historia, Nicaragua tiene un gobierno que se preocupa por su pueblo... declaró públicamente José Figueres, tres veces presidente de Costa Rica y señalado por Washington como un paladín de la democracia. Docenas de países de todos los colores cooperaron con Nicaragua, económicamente o con planes concretos de construcción de viviendas, campañas de salud pública (España), el envío de maestros y médicos (Suecia, Cuba) o la apertura de créditos (Francia, Alemania, Holanda). Todo mundo ayudó, menos los USA...

Por el contrario: la administración Reagan estableció contra la Nicaragua sandinista un BLOQUEO comercial. ¿Por qué?

El pretexto para bloquear y después intervenir militarmente <u>contra</u> Nicaragua lo dio un discurso del comandante Tomás Borge, que dijo:

"...no podemos exportar nuestra revolución, SOLAMENTE PODEMOS EXPORTAR NUESTRO EJEMPLO, la gente de cada país debe llevar a cabo su propia revolución... así nuestra revolución traspasará las fronteras."

148 Kissinger lo tenía: la SUBVERSIÓN IDEOLÓGICA.

No pudiendo demostrar que en Nicaragua se estaba estableciendo un régimen marxista, ni que el país se estuviera armando, ni mucho menos que la URSS estuviera metiéndose en Nicaragua, Estados Unidos alegó para convencer al mundo (y al Congreso) que el Sandinismo era una amenaza *"mucho peor que Sudáfrica, porque busca imponer su gobierno en los países circundantes"* como señaló el presidente Reagan ante el Senado, *"la Nicaragua comunista se dedica a intentar una revolución sin fronteras"* añadió. Había que impedir por todos los medios que Nicaragua exportara sus ideas, su ideología de hacer un país menos pobre y más educado…

LA CONTRA

Para combatir militarmente a Nicaragua por el inmenso crimen de querer exportar sus ideas y su ejemplo a Centroamérica (Honduras y El Salvador, principalmente y luego a Guatemala, Belice y no parar hasta México), la CIA reclutó mercenarios en muchos países, aunque la base principal de la CONTRA fueron los restos de la somocista Guardia Nacional. Una hermosa colección de asesinos, criminales y drogadictos que "liberarían" a Nicaragua del comunismo y pondrían en su lugar un gobierno decente y proyanqui. La CIA ya lo tenía listo en Honduras, esperando solamente la derrota militar de los sandinistas. El jefe de la Contra era Adolfo Calero, un distribuidor de Coca-cola y agente pagado de la CIA. Calero declaró públicamente que, al triunfo *"los más altos dirigentes del sandinismo y algunos miembros del clero serán fusilados... ¡No se respetará ni a sus madres! ...con tal de volver a establecer la democracia..."*

Igual que pensaron que pasaría en Cuba, la CIA estaba convencida de que el pueblo nica apoyaría a la Contra. Como nunca se dio ese apoyo, los *contras* se dedicaron a secuestrar campesinos, quemar sus casas y los centros de salud y escuelas que había sembrado el sandinismo, a matar indiscriminadamente mujeres, niños y ancianos –civiles– en incursiones que hacían desde su refugio en Honduras. La clara intención de la CIA, al no recibir apoyo popular, fue aterrorizar a la gente y destruir todo lo que los sandinistas habían hecho...

Naranjo / México

LOS MISMOS FUNCIONARIOS DE LA CIA , LOS MISMOS SENADORES GRINGOS, ESTABAN DE ACUERDO EN UNA COSA: LA CONTRA <u>NO</u> IBA NUNCA A DERROTAR AL EJÉRCITO SANDINISTA, PERO DEBILITARÍA ENORMEMENTE AL PAÍS, OBLIGÁNDOLO A GASTAR LOS POCOS RECURSOS CON QUE CONTABA EN <u>ARMARSE</u> Y NO EN PROGRAMAS SOCIALES.

La **Contra** nunca ganó una batalla, por la sencilla razón de que jamás se enfrentó al mal armado Ejército Popular Sandinista. Su trabajo, el trabajo que les encargaron sus jefes desde Washington, fue el sabotaje, el asesinato, la destrucción, la violación de mujeres indefensas, el asesinato de más de 40 mil campesinos y civiles. En una palabra: sembrar el terror para que la gente sencilla de Nicaragua votara por la paz y no por una guerra injusta que a los ojos de muchos nicas, había sido provocada por los sandinistas. Por el sandinismo, que trató de hacer de Nicaragua un país democrático sin pobreza ni injusticias.

Ándale: ayuda a tu vecino a librarse del comunismo.

EL SALDO DE LA AGRESIÓN CONTRA NICARAGUA FUE TERRIBLE: SÓLO EN LOS ÚLTIMOS 14 MESES DE "OPERACIONES" DE LA CONTRA ASESINARON A 1,200 CAMPESINOS, A 424 PROFESORES, DESTRUYERON 17 ESCUELAS, OBLIGARON A CERRAR 900 CENTROS DE EDUCACIÓN PARA ADULTOS, SE DESTRUYERON 152 COOPERATIVAS AGRÍCOLAS Y SE CERRARON 12 GUARDERÍAS. EL PAÍS PERDIÓ MÁS DE MIL MILLONES DE DÓLARES.

En las siguientes elecciones habidas en Nicaragua, el triunfo NO correspondió a los Sandinistas, sino a doña Violeta Chamorro, que representaba el sentir de los gringos y que, obviamente, fue apoyada económicamente por Washington. (Aunque finalmente no hizo nada por Nicaragua, pero eso es algo que a Washington lo tiene sin cuidado...)

150   **Nicaragua finalmente volvió al pasado. Volvió a ser un país <u>digno de crédito</u>**...

crédito bancario, of course...

Donde mr. Reagan salva al Salvador

Tras el "mal ejemplo" de Nicaragua, donde se deshicieron del dictadorzote Somoza sin ayuda de la CIA y empezaron el difícil camino de la democracia sin gringos, los vecinos centroamericanos se alborotaron. La gente de Honduras y El Salvador, sobre todo, donde los militares venían gobernando desde siglos atrás, con la bendición de los amigos washingtonianos. **PARA SALVAR AL SALVADOR DEL COMUNISMO, REAGAN LE ENCARGÓ A LA CIA UN PLAN DE TRABAJO, QUE SERÍA:**

Eliminar <u>toda</u> oposición a Estados Unidos y los militares gobernantes. Eso incluía a dirigentes sindicales, intelectuales, estudiantes, profesores, sacerdotes y monjas, periodistas independientes, dirigentes campesinos y, por supuesto, al obispo Arnulfo Romero. (Y de paso, acabar con la Universidad, nido de alborotadores.)

Estando Jimmy Carter de presidente (que era medio tratable), mons. Romero le pidió que ya no enviaran "ayuda militar" a la Junta, o Yunta Militar que gobernaba al Salvador. Carter medio accedió, pero Reagan, su sucesor, aumentó la ayuda considerablemente y fue quien ordenó a la CIA poner en práctica el plan para "salvar" al Salvador del comunismo ateo.

Carol Simpson / USA

Luis Ge / Brasil

La ayuda militar creció a lo bestia: en 1981 los militares recibían 36 millones de dólares de ayuda; en 1984 ya eran 198 millones. Además, el mediocre actor envió cientos de asesores militares gringos, que crearon los *escuadrones de la muerte* para apresurar la salvación del país.

Y lo lograron: cerca de 150 mil salvadoreños fueron asesinados, campesinos sobre todo, y una <u>quinta</u> parte de la población huyó del país. No se hubiera logrado eso sin la participación del ejército de los USA, que tomó parte activa en los bombardeos a la guerrilla y en la dirección del ejército salvadoreño. Aunque, hay que decirlo, sirvió de mucho haber entrenado en las prácticas de tortura y terror, a más de 16 mil miembros del ejército y la policía. Aunque, hay que reconocerlo, se les pasó la mano matando gente, (hasta al obispo Romero), y la ONU tuvo que dictar una resolución contra USA, para retirar su "ayuda" militar. No la cumplió, of course...

151

LA GLORIOSA INVASIÓN DE GRENADA

****

La tragicómica invasión de la islita caribeña de GRENADA tuvo como principal problema logístico que ningún general de las tropas invasoras de los USA sabía <u>dónde</u> diablos quedaba ese país. (Se dice que algunos fueron a dar a España.)

Bueno. El 25 de octubre de 1983, 15 mil *marines* invadieron la islita, comandados por el famoso gral. Schwarskopf, que años más tarde dirigiría la famosa *Operación tormenta del desierto* en la Guerra del Golfo contra Irak. ¿ El pretexto ? El viejísimo pretexto de que tenían que proteger la vida de 600 estudiantes gringos, que corrían peligro por el estado de revuelta en que se encontraba la isla por el asesinato del primer ministro Maurice Bishop, <u>asesinado por la CIA unos días antes de la invasión</u>.

Faust / USA

LA NETA ES QUE BISHOP, MEDIO IZQUIERDISTA, ESTABA CONSTRUYENDO UN GRAN AEROPUERTO INTERNACIONAL PARA EL TURISMO, PERO HABÍA COMETIDO EL ERROR DE ENCARGAR SU CONSTRUCCIÓN AL GOBIERNO CUBANO, LO QUE ES UN CRIMEN A LOS OJOS DEL TÍO SAM.

La invasión de Grenada, <u>miembro del Commonwealth británico</u>, duró DOS meses (tiempo increíble para acabar con una resistencia <u>que NO existía pues Grenada NO tiene ejército</u>.

El Pentágono NO PERMITIÓ PERIODISTAS en la operación. *URGENT FURY*. Casi nadie se enteró pues, de la gloriosa toma de Grenada por 15 mil tropas, de las que murieron... 19. Por parte de los invadidos hubo 400 grenadinos muertos, casi todos civiles, incluyendo a 21 pacientes de un hospital siquiátrico, y 25 cubanos, obreros de la construcción.

Washington impuso a un nuevo primer ministro, Herbert A. Blaize, quien disolvió el parlamento, revocó a los cubanos lo del Aeropuerto... y prohibió la lectura de 86 libros... marxistas. TAL FUE LA HISTORIA DE LA GLORIOSA INVASIÓN DE LA ISLITA DE GRENADA...

HELIOFLORES / *La Jornada*, Mexico / 1983

EL TERROR GRINGO SOBRE PANAMÁ

Hugo Ke / Bélgica

¡el canal sí es de Panamá ahora!

GO HOME

Siné / Francia

EL CANAL

El Canal de Panamá, rentado por 100 años a USA, se venció en 1999 y por el Tratado Torrijos-Carter del 31 de diciembre, pasó a ser propiedad de Panamá, junto con la Zona del Canal, que era prácticamente un Estado Yanqui. Ahí tenía USA 14 bases militares. Pero en el Art. IV del Tratado hay una cláusula que da "derecho" a USA para intervenir en "defensa" del Canal y "asegurar su neutralidad".
Así se las gasta el Tío...

WASHINGTON, DERROTADO EN LA MESA DE NEGOCIACIONES –DONDE NO DAN UNA– AL TENER QUE CEDER EL CANAL DE PANAMÁ A SU LEGÍTIMO DUEÑO, SE TOMÓ VENGANZA MATANDO AL GRAL. TORRIJOS, PRESIDENTE DE PANAMÁ.

PERO NO CONTENTO CON ESO, DECIDIÓ INVADIR AL SUPERPODEROSO PAÍS Y DARLES UN ESCARMIENTO A LOS PANAMEÑOS.
¿ EL PRETEXTO ?
TOMAR PRESO AL NUEVO PRESIDENTE MANUEL NORIEGA, ACUSADO PREVIAMENTE DE NARCO-TRAFICANTE .

¿ Y PARA ENJUICIAR A UNA PERSONA HAY QUE INVADIR A UN PAÍS...?

153

Sin declaración de guerra y violando todas las leyes del Derecho internacional, los Estados Unidos de América invadieron Panamá en 1989. El territorio de un país es inviolable, pero al Tío Sam no le importó un cacahuate...

McPherson / Canadá

VAMOS, NI A LA PRENSA LE AVISARON.

NI LES DIERON CHANCE DE CUBRIR LA INVASIÓN...

El feroz bombardeo de la zona residencial de El Chorrillo, en la ciudad de Panamá, y de otras zonas produjo más de 3,000 muertos entre civiles y guardias panameños. Un tanque gringo destruyó un autobús matando a 26 pasajeros.

Cientos de casas fueron destruidas, sin que hasta el día de hoy hayan sido indemnizados sus dueños y los deudos de los muertos por la operación causa justa efectuada esos 2 días que duró la "guerra"...

MADE IN USA

¡TODO UN ÉXITO: SÓLO TUVIMOS 23 BAJAS!

LA GRAN GUERRA DE PANAMÁ SE TUVO QUE HACER <u>ANTES DE NAVIDAD</u> EL 19 DE DICIEMBRE, Y NO SE PUBLICÓ NADA EN LOS USA...PARA NO ECHARLES A PERDER A LAS FAMILIAS GRINGAS SUS *MERRY CHRISTMAS*, SEGURAMENTE...

¿ POR QUÉ LA GUERRA ? El pretexto de los USA para invadir y bombardear Panamá fue... capturar vivo o muerto al gral. Noriega, presidente panameño, acusado de narcotraficante. Manuel Noriega se educó en la Escuela de las Américas y trabajó como agente de la CIA bajo las órdenes del señor WILLIAM BUSH, que como recordarán, fue el director de la CIA... y el que ordenó invadir Panamá siendo presidente. ¿ Seguía siendo agente de la CIA el presidente panameño ?

Porque la guerra ser nuestro american way of life...

QUIZÁ NO, PERO SABÍA DEMASIADO.

MADE IN USA

Finn Graff / Noruega

Según investigó la prensa gringa, Bush y Noriega se hicieron amigos y socios. Compartieron algunos negocios relacionados con la droga, especialmente en la época de la guerra sucia que Washington llevó a cabo contra Nicaragua y que fue financiada en parte con la droga que movía la *Contra*. Noriega, ya presidente y sucesor de Torrijos, no permitió el uso de su territorio como santuario Contra, ni quiso ya participar en el rico tráfico de drogas. Eso molestó mucho a Bush que, en un arranque texano, decidió invadir Panamá <u>para callar a Noriega</u>. A la fecha, Manuel Noriega sigue preso en una cárcel de Miami, y Bush padre disfruta alegremente de sus millones, protegido por Bushito su hijo, flamante presidente de los USA...

155

THE AMERICAN WAY OF DEATH

EL MODO AMERICANO DE MUERTE es el título de esta sección, y se refiere a un invento del Pentágono llamado REVOLUTION IN MILITARY AFFAIRS. O sea, la *revolución de la guerra*.

...O CÓMO MATAR MÁS CON MENOS DINERO...

Naranjo / México

Después de la derrota en Vietnam, que costó de hecho la pérdida del sudeste Asiático, el alto mando militar cayó en cuenta de algo muy serio: la derrota les había costado más de 50 mil jóvenes gringos muertos (que no eran muchos junto al millón y pico de vietnamitas muertos). El objetivo del invento pentagonal era muy sencillo: evitar en lo futuro que murieran tantos de sus muchachitos. ¿Cómo? Pues... simplemente NO entrando en contacto físico con el enemigo. Es decir: HACER LA GUERRA A DISTANCIA. Alguien objetó que eso iba contra las leyes de la guerra, que pelear así caía más en el TERRORISMO que en la guerra. –¿Y qué?, contestaron a coro los halcones. ¿Quién nos va a decir algo?

TRIUNFOS POR DEFAULT

Cuando cayó el Muro de Berlín y con él todo el sistema socialista, Estados Unidos quedó en su esquina sin rival con quién pelear. El equilibrio de poder (que no lo era tanto, pero en fin...) se rompió, quedando los USA como la máxima potencia mundial y la única. Como esos pueblos donde el mejor hotel es el único. ¿quién iba a oponérsele ahora?

NI MODO DE DECLARARLE LA GUERRA A BIAFRA.

Feiffer / USA

La URSS se desmembró en 19 pedazos. China no se le acercaba ni siquiera a la URSS. Japón no estaba interesado ya en volverse potencia y Alemania tampoco. Inglaterra y Francia, las viejas potencias, no podían volver a serlo. ¿ Los países árabes ? Su principal arma es el petróleo. ¿Quién? ¿Quién se atreve a ponerse frente al todopoderoso Tío Sam? La triste verdad es que... NADIE.

Lou Myers / USA

USA · USSR

THIS WORLD IS MY WORLD

ESTADOS UNIDOS YA ESTÁ DISPUESTO A DOMINAR EL MUNDO Y HA EMPEZADO A HACERLO... CON ALIADOS O SIN ALIADOS, CON PERMISO DE LA ONU O SIN ÉL.

Ungerer / Alemania

McPherson / Canadá

Las guerras que siguieron a la derrota de Vietnam, demuestran que los USA iniciaron ya la conquista del mundo entero poniendo en práctica ese nuevo estilo de guerra "de lejecitos". En Panamá probaron con éxito los nuevos bombarderos inteligentes que pueden burlar los radares. En la toma de Grenada, país miembro del Commonwealth británico, pusieron a prueba a Inglaterra, que no dijo nada. En la guerra infame contra la partida Yugoslavia, llevada a cabo por la OTAN coordinada por el Tío, utilizaron los más sofisticados avances de armamento electrónico destruyendo al país y matando a decenas de miles... <u>sin sufrir ni una sola víctima</u>. Y con otra ganancia: la ONU se quedó más callada que nunca.

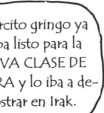

AMERICA!

Feiffer / USA

El ejército gringo ya estaba listo para la NUEVA CLASE DE GUERRA y lo iba a demostrar en Irak.

LAS GUERRAS DEL PETRÓLEO

****

¿ HUSSEIN ES PEOR QUE GEORGE W. C. BUSH ?

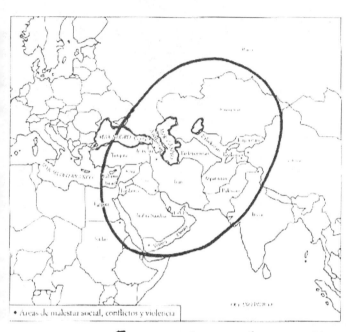

• Áreas de malestar social, conflictos y violencia

UNA COSA LLAMA LA ATENCIÓN SOBRE LAS ACUSACIONES DE USA A HUSSEIN: QUE LO ACUSEN DE DICTADOR, DESPUÉS DE QUE ELLOS SE CANSARON DE DAR APOYO MILITAR Y DINERO A LAS PEORES DICTADURAS DE AMÉRICA.

En 1979 subió al poder, pacíficamente, Saddam Hussein, al ser designado presidente de Irak por el anterior presidente Ahmad Hassan Al-Bark, quien renunció por motivos de salud.

La carrera de Hussein empezó en 1968, cuando un golpe de estado colocó al partido Baas en el poder, quedando Hussein como segundo tras Al-Bark. Irak nacionalizó su petróleo, firmó con la URSS acuerdos de cooperación, intensificó sus relaciones comerciales con Europa Occidental, se consolidó como líder del mundo árabe tras el acercamiento de Egipto (Anuar el Sadat) con Israel, puso fin a sus conflictos territoriales con Irán y Kuwait, y con una atinada administración de su riqueza petrolera, logró un notable desarrollo económico que mejoró muchísimo el nivel de vida de los irakíes.

159

¿Y QUÉ PASÓ DESPUÉS?

Pues nada, que se asomaron en el horizonte las barbas de los Ayatolas...

En 1979, el mismo año que Hussein llega a la presidencia, en Irán triunfa la revolución que bota al Sha hasta México y se instaura la República Islámica de Irán, dirigida por el Ayatola Jomeini, quien <u>nacionaliza el petróleo, los bancos, las compañías de seguros y las principales industrias del país</u>. Se hace una nueva e islámica Constitución por referendum popular y todo eso pone a temblar a los feudales monarcas del Golfo, léase Bharain, Omán, Arabia Saudita, Qatar y los Emiratos Árabes. Sus lujos y privilegios estaban en peligro.

Los USA también se preocuparon: al perder el control sobre Irán (sin el Sha) perdían el control sobre el petróleo iraní y las facilidades que les daba el Sha para espiar libremente a la URSS.

Pero la URSS también se preocupó: lo de Irán NO era un socialismo, sino un *islamismo radical* que podía contagiar a las repúblicas islámicas de la Unión Soviética.

Hussein temía lo mismo: Irán podía quitarle el liderazgo en el mundo islámico...

1980: LA GUERRA IRAK-IRÁN

Hussein vio la oportunidad de dominar el Golfo y, traicionando a su vecino islámico, acordó con el Tío Sam acabar con Irán.

Irak ponía el ejército, las monarquías árabes el dinero, USA y sus aliados europeos las armas (químicas, incluidas) y la URSS su apoyo militar. Pero las cosas no le salieron a don Hussein como las soñara: la guerra duró 8 años sin ningún avance territorial, y la economía de los dos países quedó hecha talco. Hubo un millón de muertos, así que mejor ahí le paramos y el 20 de agosto Irán aceptó el alto al fuego propuesto por la ONU.

Sin embargo, Hussein salió fortalecido de la guerra y se convirtió en dictador, disolviendo los sindicatos, reprimiendo a la oposición, combatiendo a las minorías kurdas y chiitas y no respetando los derechos humanos.

Con una economía temblorosa, Hussein decidió cobrarse los costos de la guerra. Primero pidió a los reyecitos del Golfo le condonaran los 60 mil millones prestados para la guerra con Irán. Segundo, pidió a los otros países productores petroleros que <u>redujeran</u> su producción para hacer subir los precios y tercero, <u>amenazó con tomar Kuwait si no le concedían sus peticiones</u>. Y como NO se las concedieron, sino que por el contrario, <u>aumentaron la producción</u> dándole en la torre a Irak, Saddam Hussein decidió portarse "a la gringa" e invadir Kuwait.

Y ASÍ EMPEZÓ LA GUERRA DEL GOLFO...

El 2 de agosto de 1990, las tropas de Irak invaden Kuwait. La ONU reaccionó como de rayo, como NO lo hizo cuando el Tío invadió Grenada y Panamá: condenando a Irak y aprobando un EMBARGO general (comercial, financiero y militar que incluía también medicinas) contra Irak.

161

LA GUERRA DEL GOLFO: EL TERROR COMO FORMA DE GUERRA

Los USA llevaron tropas al Golfo y amenazaron con la guerra si Hussein no se iba de Kuwait. Hussein se negó y la guerra se soltó, con gran entusiasmo de la industria bélica gringa que ya estaba muy necesitada de una guerra.
El Tío presionó a sus aliados árabes y nadie se alineó con Hussein. Éste le propuso a la ONU que se retiraba de Kuwait, cumpliendo las resoluciones 660 y 661, si Israel se retiraba de Gaza y Cisjordania cumpliendo así las Resoluciones de la ONU.

¡ Qué va ! Si Israel es ahijado del Tío y el Tío mangonea en la ONU. Eso no va... Los gringos querían guerra y no la iban a perder por esas minucias diplomáticas.

KAL / USA

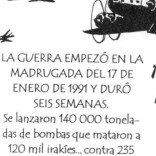

LA GUERRA EMPEZÓ EN LA MADRUGADA DEL 17 DE ENERO DE 1991 Y DURÓ SEIS SEMANAS.
Se lanzaron 140 000 toneladas de bombas que mataron a 120 mil irakíes... contra 235 bajas de los "aliados".
162 IRAK QUEDÓ HECHO CACA.

¿ Qué es más terror ? ¿ Apretar un botón desde un avión y matar 10 mil inocentes con unas cuantas bombas, sin exponer la vida... o matar a 300 inocentes con un carro-bomba en un acto suicida ?

Irak se rindió y la ONU tan caritativa con los países pobres, siguió imponiéndole el embargo, obligándole además a aceptar una zona desmilitarizada dentro de su territorio, ocupada por tropas de la ONU, así como a obligarse a declarar y destruir <u>todas</u> sus armas de destrucción masiva, incluso misiles de largo alcance.

Por el embargo, han muerto más de 100 mil niños y el país vive una situación económica terrible. Eso desde luego no le importa un pepino a la ONU...

¡CANIJOS: ME DEBEN LA REVANCHA!

Nella sabbia del deserto - Vittoria!

Iresinus / Austria

RONIMUS91

⇒ La Guerra del Golfo fue la primera guerra que vimos por televisión a todo color.

MUY MAL, POR CIERTO: NO VIMOS NINGÚN MUERTITO.

Parece la toma del canal 40 de México.

MADE IN IRAK

© 1988 Zapata/Nueva Sociedad

E IGUAL QUE EN GRENADA Y PANAMÁ, EL PENTÁGONO <u>IMPIDIÓ</u> QUE LA PRENSA TUVIERA ACCESO: TODAS LAS FOTOS LAS TOMÓ Y DIFUNDIÓ EL EJÉRCITO...

ZAPATA

163

...donde vean soldados gringos.

Suter / USA

Éstos son los principales productores de petróleo:
MEDIO ORIENTE 65 %
ESTADOS UNIDOS 12 %
VENEZUELA 7 %
ÁFRICA 7 %
MÉXICO 6 %
RUSIA 5 %
(Irak produce el 12% del Medio Oriente).

GAS NATURAL

MEDIO ORIENTE 65 %
MAR DEL NORTE 9 %
GOLFO PÉRSICO 9 %
CANADÁ 7 %
ÁFRICA 7%

O por qué le interesa tanto al Tío Sam el Medio Oriente...

¡ YO LO QUE QUIERO ES UNA REBAJITA !

Zapata / Venezuela

OIL

Es que me estoy convirtiendo al Islamismo...

ZAPATA

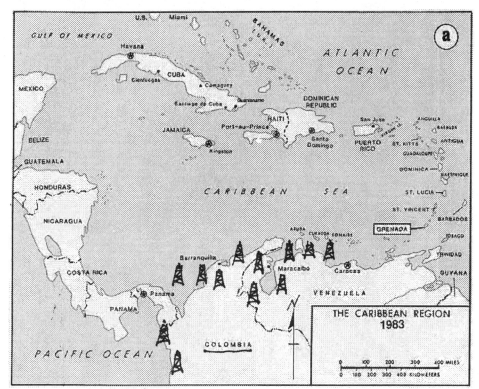

EL PLAN COLOMBIA O LA RICURA PETROLERA DE LA REGIÓN

TE DIJE QUE POR AQUÍ HABÍA PETRÓLEO

Vadillo / México

Colombia ha estado siempre en la mira del Tío Sam. Desde que se inició el siglo, Estados Unidos invadió el país para quedarse con la provincia de Panamá, que necesitaban para hacer su canal.

Luego, a comienzos de los 60's la CIA diseñó y echó a andar el Plan Laso para exterminar la resistencia campesina en Guayabero, Pato y Río Chiquito. Como resultado de esta agresión, nacieron las guerrillas de la FARC, que siguen todavía dando guerra defendiendo a los campesinos. Para combatir a la FARC, el gringo general Yarbourough organizó en Tolemaida la Escuela Contrainsurgente de Lanceros, de donde salen armados y entrenados los grupos paramilitares que han asolado Colombia por más de 50 años, matando a cientos de campesinos y guerrilleros.

165

En otra de sus escuelas, la de las Américas, han entrenado en solo una década a 13,000 miembros del ejército colombiano, que han hecho para la CIA el trabajo sucio de asesinar campesinos. Todos ellos, los grupos paramilitares y el Ejército colombiano, bajo las órdenes de más de 200 militares gringos, además de 124 agentes de la DEA y la CIA.

Vadillo / México

Desde los tiempos de Clinton y su tremenda Madeleine Albright, el Pentágono inició pláticas secretas con el gobierno Colombiano en busca de un plan para combatir con éxito el narco-tráfico. Para ello, según el razonamiento de los generales gringos, había que acabar primero con las FARC que defendían y controlaban las zonas productoras de la droga.

Lo primero que le recomendaron los gringos a Pastrana fue sabotear las pláticas de paz con la guerrilla. Lo segundo, organizar una campaña por todos los medios culpando a las FARC de los crímenes y actos terroristas de los grupos paramilitares, solicitando al mismo tiempo la "ayuda" de los Estados Unidos. Tercero, la intervención militar de parte de Ecuador y Perú "para ayudar en la lucha contra la droga y la subversión", por invitación de Colombia.

Todo, *of course*, bajo la atinada dirección de las Fuerzas Armadas de los Estados Unidos, que aportarían 2 divisiones aerotransportadas, 2 batallones de fuerzas especiales, 3 divisiones de marines y 200 aviones C-5 y C-141.

Con el pretexto infantil de la lucha antidrogas (Colombia es el 1er. productor y proveedor de la droga consumida en USA), el gobierno de Bush ha decidido dar un paso adelante en Colombia.

Ocupar militarmente el país para así acabar de una vez con las guerrillas... y de paso "vigilar" mejor a Venezuela y Brasil.

...y hablando de la droga colombiana...

LA EPIDEMIA DE *CRACK* EN ESTADOS UNIDOS, ¿QUIÉN LA ORGANIZÓ?

Como ya medio dijimos endenantes, la CIA organizó y financió a los *CONTRAS* en su lucha contra los sandinistas de Nicaragua a fines de los 80's.
¿CÓMO LOS FINANCIÓ?
Muy sencillo: comprando en Colombia toneladas de cocaína que luego eran vendidas y distribuidas en las ciudades gringas. Detalles espeluznantes de estas operaciones aparecen en la serie de artículos que el periodista e investigador Gary Webb ha escrito para el diario estadunidense *Mercury News* de San José, California.

La invasión de *crack* (la forma cristalizada y fumable de la cocaína) en las ciudades de California primero, y del resto del país en los años 80's, fue organizada por la CIA con el apoyo de los gobiernos de El Salvador y Honduras, por ese tiempo "enemigos" de los sandinistas. Aviones de la Fuerza Aérea de ambos países transportaban la cocaína colombiana a los USA, usando los aeropuertos de las bases de la CIA, donde no eran revisados por aduana alguna. Muchos de los envíos llegaban a Texas, donde la familia Bush ha sido muchos años la dueña del estado de la estrella solitaria.

La cocaína y el *crack* circularon abundantemente por los barrios negros y latinos, acabando con familias enteras por su adicción a la droga maldita. ¿Alguien acusará a la CIA?

CON EL PLAN COLOMBIA, USA ASEGURA SUS DOS "NECESIDADES": DROGA Y PETRÓLEO...

¿ Petróleo? ...YO HAGO LA GUERRA ÚNICAMENTE PARA QUE NO HAYA DEMASIADAS ARMAS (de aquel lado) DE DESTRUCCIÓN MASIVA...

Osborn / USA

Microbios y bacterias
Made in USA

El Tío Sam, tan preocupado por desarmar a Irak de sus modestos arsenales de armas bacteriológicas - que NO tiene, según la ONU-, tiene una larga tradición como fabricante y usuario de armas químicas y biológicas. Agárrese para que lo que sigue no lo agarre de sorpresa:

....

1917

ESTADOS UNIDOS NO QUISO FIRMAR LOS ACUERDOS INTERNACIONALES DE 1898 Y 1907 QUE PROHIBIAN "EL USO DE GASES ASFIXIANTES O NOCIVOS", por lo que empleó contra los alemanes más de MIL toneladas de gas mostaza, fosgeno y cloro en la I Guerra Mundial.

1941-1945

En agosto de 1942 la empresa farmacéutica Merck inició, a petición oficial, investigaciones para el desarrollo de armas biológicas mortíferas. Varias universidades participaron en el programa.

El plan principal era la elaboración de bombas de ANTRAX para emplearlas contra las principales ciudades de Alemania. Sin embargo, el proyecto se atrasó y el antrax se quedó esperando mejores tiempos. Lo que sí usó fue el gas mostaza, aunque su uso estaba prohibido.

1951
Aunque USA lo niega, Corea del Norte fue blanco de ataques biológicos de peste, lo mismo que el noroeste de China. Una comisión de científicos de 6 países convocada por China lo demostró.

"...los pueblos de Corea y China fueron el blanco de armas bacteriológicas empleadas por las fuerzas armadas de los USA. Entre ellas se han reconocido de cólera, peste, ántrax, fiebre amarilla, introducidas por medio de conejos, ratas, pulgas, mosquitos y otros animales pequeños, o en plumas de aves."
En Corea también se usó otra arma química terrible: el NAPALM. Millones de litros se dejaron caer sobre las tropas norcoreanas.

1961
Durante la guerra de Vietnam y anexas, Estados Unidos se soltó el pelo, utilizando bombas incendiarias de fósforo blanco, gases neurotóxicos y lacrimógenos "mejorados", sin faltar el terrible defoliante conocido como AGENT ORANGE.
Gigantescos aviones C-123 con tanques especiales para transportar 4500 kilos de Agent Orange y mangueras de alta presión, rociaron y destruyeron la vegetación de nueve millones de hectáreas de tierra cultivable, sin contar los muertos e intoxicados gravemente entre gente y animales.
Son conocidas de todos las demandas millonarias que antiguos combatientes (gringos) pusieron al Pentágono, al haber recibido en Vietnam una rociadita de su propio Agente Naranja.

Lou Myers / USA

1980-88
Durante la guerra Irán-Irak, los USA abastecieron a Hussein de armas químicas y biológicas, que usó contra los iraníes generosamente, sin que el Tío protestara... hasta que recordó que ellos le habían entregado "un caldo de cultivo de materiales biológicos" en 1985.

1991
En la Guerra del Golfo USA puso en práctica una nueva arma química llamada URANIO AGOTADO.
No es radiactivo, pero al explotar la bomba suelta un polvo altamente tóxico que, al inhalarse, causa cáncer pulmonar y de los huesos, además de males graves en los riñones. Un estudio de la Comisión Británica de Energía Atómica informó que "la radiactividad en la zona de los combates es 150 veces mayor de lo normal, por los miles de casquillos contaminados con el uranio agotado. Eso puede provocar en pocos años la muerte de unas 500 mil personas..."
Igual que ocurrió en Vietnam con el Orange Agent, miles de veteranos gringos de la Guerra del Golfo están enfermando por haber tenido contacto en varias formas con el uranio agotado.

Siné / Francia

Klas / Holanda

1999
En la "guerra" de los Balcanes des-
atada contra Yugoslavia, los gringos experimentaron nuevas armas
químicas y bacteriológicas a base
de etileno diclorado, monómero
de cloruro de vinilo y mercurio.
Todas son cancerígenas.

KAL / USA

170

LO INCREÍBLE DE TODO ESTO ES
QUE EL TÍO SAM FIRMÓ EN
1972 EL ACUERDO SOBRE AR-
MAS BIOLÓGICAS Y TÓXICAS
PROPICIADO POR LA ONU,
QUE PROHÍBE SU USO, ASÍ CO-
MO SU FABRICACIÓN.
Y SIN EMBARGO, ESTADOS UNI-
DOS SE OPONE A QUE LAS CO-
MISIONES INTERNACIONALES
INSPECCIONEN SU TERRITORIO.

(LO BUENO DE NO LLAMARSE
IRAK, ¿ NO ?)

Es indudable que la guerra de propaganda entre la URSS y los USA la ganaron finalmente los gringos. Si bien todavía no han logrado que el mundo simpatice con ellos, <u>sí</u> lograron en cambio que la gente tuviera miedo al socialismo.

LA DOMINACIÓN DE LAS COMUNICACIONES Y EL ENTRETENIMIENTO A NIVEL MUNDIAL POR PARTE DE ESTADOS UNIDOS ES PIEZA <u>IMPORTANTÍSIMA</u> PARA LA CREACIÓN DEL IMPERIO DEL TERROR.

Henry R. Luce, dueño del imperio editorial llamado TIME-LIFE dijo claramente: *"Aceptemos con entusiasmo nuestro deber y nuestra oportunidad de ser la nación más poderosa y vital del mundo y, en consecuencia, <u>ejerzamos sobre el mundo nuestra influencia hacia aquellos fines que creamos convenientes y a través de los medios que creamos convenientes</u>. Ahora nos toca a nosotros ser el generador de los ideales que se extiendan por el mundo entero..."*

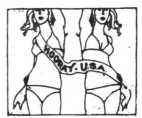

Luce predicó –y practicó– claramente que la FORMACIÓN DE LA OPINIÓN PÚBLICA, no sólo dentro de los USA, sino a nivel mundial, era la mejor forma de llegar a ser un imperio internacional y nacional. Decirle a la gente lo que tenía que pensar a través de dos cosas:

1/ el <u>control</u> de la información,

2/ la fabricación de imágenes americanas.

La revista *Fortune*, otra de las influyentes publicaciones de Mr. Luce, señaló todavía en 1944: *"De la eficacia de las comunicaciones internacionales <u>controladas</u> por nuestro país, depende nuestro destino futuro, como centro del pensamiento y el comercio mundiales. Este siglo nos pertenece..."* Formar pues a la OPINIÓN PÚBLICA MUNDIAL ha sido la meta por lograr que se propuso el Tío Sam para hacer así del siglo XX el Siglo Norteamericano. ¡Y VAYA QUE LO LOGRÓ!

Los viejos Imperios jamás soñaron con tener a su disposición los *medios* de comunicación masiva con que contó USA para crear y formar una opinión pública pro-yanqui y un modelo de vida a seguir basado en el *american way of life*. ¡Que el mundo entero admirara y quisiera vivir siguiendo el <u>modelo</u> gringo!

Nadie puede negar que los modernos medios de comunicación han sido creados en Estados Unidos: el cine, la prensa moderna, la publicidad, la radio, la televisión, los discos, los espectáculos musicales, las historietas... y hasta las religiones "modernas". Todo ese enorme y formidable aparato ha sido puesto al servicio de las dos finalidades que se propuso el Tío: *<u>influir en el mundo para venderle sus productos</u>*. (Y entre ellos, la guerra...)

¿Chocolat?

Fontanarrosa / Argentina

Utilizando científicamente los medios de comunicación masiva, especialmente la televisión, se ha logrado <u>convencer</u> a todo el mundo de que lo más importante para vivir felices es *tener dinero para gastarlo*. ¿En qué?
Aquí es donde ha entrado con toda eficacia el mensaje de los medios: *consumir lo que se anuncia en la televisión* debe ser el ideal de todo ser humano que quiera ser un ciudadano digno de respeto en su comunidad. Vivimos –gracias a los gringos– en una SOCIEDAD DE CONSUMO en la que, el que no lo hace, no merece ser tomado en cuenta. Sin darnos cuenta, somos controlados hasta en nuestra manera de <u>pensar</u>, y no se diga <u>*en nuestra manera de vivir*</u>.

Todo está bajo control:
Las agencias de noticias (gringas) nos informan de lo que quieren que estemos informados.
Los anuncios comerciales nos dicen lo que hay que comprar.
Los programas de televisión nos enseñan cómo vestir, cómo comer y hasta cómo divertirnos.
Las películas están hechas para entretenernos mientras copiamos el modo de vida yanqui.
La radio y los discos nos proporcionan la música que tenemos que oír y bailar...
Y todo eso combinado nos enseña quiénes son los "buenos", a qué "malos" hay que odiar y a qué país hay que hacerle la guerra.
Nadie puede escaparse ya de la dominación del Tío Sam...

Una ojeada a los televisores de cualquier país, bastará para comprobar cómo ha penetrado el imperialismo cultural -comercial en nuestro hogar. Basta ver qué compañías acaparan los tiempos dedicados a la publicidad, con los que se interrumpen los programas (gringos) que saturan los televisores de todos los países. Aquí están los 20 primeros lugares:

PROCTER & GAMBLE / BRISTOL-MYERS / COCA-COLA / AMERICAN TOBACCO / GILLETTE / COLGATE-PALMOLIVE / GENERAL FOODS / GENERAL MOTORS / PEPSI-COLA / AMERICAN HOME / KELLOGG / FORD / WARNER-LAMBERT / ITT / BIC / aunque algunas quizá no las reconozca el lector porque operan con otros nombres ya "castellanizados" como Herdez o Delicados...

La tremenda ofensiva ideológica de los Estados Unidos se apoyó principalmente en el CONTROL de las comunicaciones internacionales por medio de los SATÉLITES ESPACIALES.

Nadie está a salvo de recibir por esa forma la información que *ellos* quieren mandarnos... y nadie está a salvo de ser espiado y localizado aunque se meta debajo de la tierra.

Así, los gringos han convertido a las telecomunicaciones en un instrumento de política exterior.

Las telecomunicaciones han hecho triunfar a "su" cultura sobre la cultura de los demás países. Ha triunfado el IMPERIALISMO CULTURAL y la cultura gringa —si es que a esa mierda se le puede llamar así— se ha posesionado del mundo entero.

¡su alimentación y su economía están en mis manos!

Dzib / México

La televisión de todos los países del mundo, quizá sólo con la excepción de países como Cuba, Corea del Norte, Vietnam y algunos más que se han escapado de la globalización estupidizante gringa, (aunque tienen sus propios sistemas estupidizantes), se ha convertido en el mejor medio de propaganda norteamericana que pueda imaginarse. Si bien es cierto que en muchos países se han creado sistemas independientes (es decir, que no forman parte de las grandes cadenas comerciales, subsidiarias de las poderosas cadenas gringas como ABC, NBC y CBS), son canales cuya programación -nacionalista y cultural- NO cuenta con una programación que guste a las grandes masas consumidoras de la bazofia de las grandes cadenas.

Esto lo vemos en México y otros países latinoamericanos como Brasil, Chile o Argentina, donde empresas como Televisa o TVAzteca acaparan con sus programas cursis y de mal gusto, combinados con los peores ejemplos de series gringas y noticieros oficialistas, el "gusto" del auditorio. 173

Dzib / México

CUANDO EL PÚBLICO SE QUEJA DE QUE LOS PROGRAMAS DE LA TELEVISIÓN SEAN TAN MALOS, O DE QUE LAS PELÍCULAS GRINGAS QUE SATURAN SUS TELEVISORES SEAN TAN MALAS Y VIOLENTAS, ES PORQUE NO SABE QUE LA T.V. *NO ES UNA FORMA DE ARTE NI UN CANAL CULTURAL.* LA TELEVISIÓN ES SÓLO UN MEDIO DE HACER PUBLICIDAD, UNA FORMA DE OBTENER DINERO. NO LE BUSQUE...

EL PAÍS DE LA LIBER-TAD prohíbe que se lean los libros de los siguientes autores por "rojos" :
Dashiell Hammett
Máximo Gorki
John Reed
Howard Fast
Herman Melville
Ilya Ehrenburg
Langston Hughes
Hellen Keller
Tom Paine
W.E.B. Dubois
Arthur Miller
Jean Paul Sartre
y docenas más, por órden del Departamento de Estado en 1953. Sus libros NO serían puestos en ninguna biblioteca dentro o fuera de los Estados Unidos. Eso ocurrió en el MACARTISMO.

Cees / México

CEES

LA CACERÍA DE BRUJAS LLAMADA *MACARTISMO...*

La época más triste en la vida cultural de los USA tuvo lugar cuando, en 1953, la CIA y el senador Joseph McCarthy orquestaron una campaña anti-comunista para sacar de los medios a todos los escritores, actores, directores de cine y teatro, guionistas, etc., SOSPECHOSOS DE IZQUIERDISTAS.
En terribles interrogatorios parecidos a los de la Santa Inquisición, fueron "condenados" a quedarse sin trabajo cientos de personas que laboraban en el cine, la prensa, la radio, el teatro o las universidades.
Bastaba que se negaran a declarar, amparados en la Constitución, para ser condenados...

Y hablando de medios de comunicación, no hay que olvidar el más utilizado por la gente que no llega todavía a tener una *caja idiota* (o TV) en su hogar, porque a veces ni a hogar llega: la RADIO. Reagan, ese mediocre actor puesto en la Casa Blanca por las grandes empresas de la industria bélica, dijo alguna vez: *"Norteamérica es el corazón de león de la democracia. Tenemos la obligación de darle voz a esta democracia, aunque sea con un rugido."*
Y con rugidos el Tío Sam difunde por todo el mundo su ideología y su versión tergiversada de los hechos y de las guerras que ha provocado siempre.

EN ESTOS TIEMPOS LA RADIO Y LA TELE SE USAN COMO ARMAS DE GUERRA: NO MATAN, PERO ATARANTAN.

US GO HOME

La VOZ DE AMÉRICA

Cuenta esta superpotente estación de radio con 109 trasmisoras en 42 idiomas, sin contar las de RADIO LIBERTAD, RADIO EUROPA LIBRE y RADIO MARTÍ, que mandan día y noche a todo el que quiera oírlos, programas de entrevistas y noticias destinados a desestabilizar gobiernos, llamando a la rebelión y a crear el descontento en la población.

Es muy conocido el llamado "Levantamiento de Hungría", cuando la CIA organizó a grupos de antiguos nazis que dirigieron entre la población descontenta una rebelión armada contra su gobierno en 1953. Por Radio Free Europe estuvieron atizando la rebelión, <u>prometiendo la intervención de tropas gringas</u>, intervención que nunca llegó.

Los tanques rusos acabaron con ella.
Y lo mismo hicieron en Polonia y en la Primavera de Praga, en Tailandia o en Nicaragua. Utilizando la radio como un arma de la guerra psicológica que tan buen resultado les dio en el pasado.
Previo a la heroica invasión de Grenada, pasaron semanas de programas de radio donde se decía que Grenada era una importante "base militar soviético-cubana".

Chumy Chumez / España

CHUMY CHUMEZ

175

¡Venga un duro de royalties por usar nuestro idioma!

EL ALIADO DEL VATICANO

Hachfeld / Alemania

En la batalla ideológica del Tío Sam por el dominio del mundo, siempre ha estado presente la religión.

No sólo se ha aprovechado de hacer uso de la religión católica predominante en América Latina, para hacer ver que "el comunismo ateo y criminal" quería quitarnos todo (cosa en la que siempre tuvo el apoyo del Papa del Vaticano), sino que además invadió al continente con sus huestes misioneras. Mormones, Testigos de Jehová, Baptistas y otras sectas inventadas en los USA, siguen llegando a tocar las puertas para convertirnos a todos en víctimas de sus retrógradas doctrinas seudorreligiosas.

Desde los tiempos de la Conquista de América, los hemos visto: **primero la cruz, después la espada**. Lo hemos visto en toda Centroamérica y el sureste mexicano: la penetración de las sectas pro-gringas le ha quitado a la Iglesia Católica millones de clientes. Lo cual, si bien es bueno, se empeora un poco al ver la clase de fanáticos que resultan los nuevos conversos a esas sectas.

Todavía se recuerda con alborozo al inefable Cardenal Spellman bendiciendo las bombas para acabar con Hanoi y ganar la guerra en Vietnam. Y la descarada intervención del Papa Woytila para "liberar" a Polonia del yugo comunista, que no se limitaba a los sermones dominicales, sino que como no bastaban rezos y sermones, echó mano de la chequera del Banco del Espíritu Santo, para financiar los levantamientos obreros en Gdansk, Poznan o Cracovia. Podría salir un libro completo de las alianzas y acuerdos entre el Imperio del Terror Gringo y el idiotizante Imperio Romano del Vaticano. Pero mejor ahí lo dejamos...

Cardon / Francia

AL CRISTO DE IDEAS SOCIALISTAS LO VOLVIERON SALVADOR DEL SOCIALISMO...

176

...Y CON NUESTRO PROPIO DINERO...

CUANDO LE DIERON EN LA TORRE A LAS GEMELAS

LAS DUDAS SOBRE EL 11 DE SEPTIEMBRE

Para reactivar su economía, USA siempre, desde los tiempos de don Teddy Roosevelt, ha recurrido a la guerra. O a la venta, en cantidades industriales, de armas para la guerra. En una palabra: ANTES DEL 11-S ESTADOS UNIDOS NECESITABA URGENTEMENTE UNA BUENA GUERRA.

Y para hacer una guerra sólo se necesita un buen pretexto.

Los analistas políticos yanquis, entre quienes destaca el afamado NOAM CHOMSKY, han señalado varias extrañas coincidencias y puntos oscuros sobre el 11-S. Veamos algunos rápidamente:

¡¿qué hemos hecho para merecer ésto?!

¿AUTOGOL?

1

Tanto la CIA como el FBI estaban enterados de que la red Al Qaeda -varios miembros de la cual llevaban meses viviendo en USA sin ser molestados-, estaba preparando atentados dentro de los USA.

2

Hosni Mubarak, presidente de Egipto, **advirtió** oficialmente a Washington que Al Qaeda estaba preparando un atentado importante. (Al Qaeda había ya hecho un atentado contra el World Trade Center.)

3

La CIA recibió, de parte de varios de sus agentes, avisos de posibles atentados durante el mes de septiembre.

4

Dos y tres días antes del 11 se llevaron a cabo operaciones en la Bolsa con acciones de las 2 empresas de aviación involucradas en los atentados: la United Airlines y American Airlines. También se efectuaron operaciones de venta de acciones de *Morgan Stanley Dean Wistler & Co.* que tenía 22 pisos en el WTC, y de la poderosa *Merryll Linch*, dueña del edificio anexo al WTC, que también se colapsó.

Todas esas compañías, por esas operaciones, ganaron millones de dólares.

Curiosamente, también se fueron para arriba las acciones de las principales compañías de la industria militar: RAYTHEON, NORTHROP GRUMMAN, IBM, LOCKHEED MARTIN Y MOTOROLA, que serían las más beneficiadas con contratos para la cacareada GUERRA CONTRA EL TERRORISMO. 177

Por lo menos tres de los atacantes al WTC el 11 de septiembre eran viejos conocidos de la CIA, e incluso el semanario *Newsweek* señala a dos de ellos -Almidhar y Alhazmisupo- como gente relacionada con la Agencia y que trabajaron en Afganistán con la CIA y bajo la dirección de Osama Bin Laden, cuando el "buscado" terrorista era agente a su servicio. El citado semanario afirma que los tres terroristas del 11-S llevaban ya varios años viviendo en Estados Unidos.

La CONCLUSIÓN LÓGICA QUE SEÑALAN TODOS LOS INVESTIGADORES Y PERIODISTAS SERIOS ES MEDIO TERRIBLE: Washington sabía de los atentados, pero dejó que ocurrieran para tener el pretexto de una guerra.

5

Hay otras interrogantes que pueden ser sólo rumores del pánico que se apoderó de los gringos:

¿Por qué no se vio nunca el avión que –dicen- se estrelló contra el Pentágono?

¿Por qué –dicen- los aviones que se impactaron, llevaban tan pocos pasajeros?

¿Por qué -dicen- no murió en el WTC ningún magnate financiero, ni ningún judío...?

¿Cómo dieron como primera cifra de muertos en las torres la de 30 a 35 mil muertos, para bajarla después a sólo cerca de 4 mil?

¿Por qué las torres no cayeron de lado, sino como producto de una IMPLOSIÓN interna?

ALGO HUELE MAL...

Hay quienes van más lejos y sospechan que Osama Bin Laden y Al Qaeda actuaron de común acuerdo con Bushito pues -dicen- ¿cómo es que a la fecha NO lo han podido encontrar ni vivo ni muerto?

¿Y por qué Washington se ha olvidado de Osama y ha puesto en su lugar de gran villano a don Hassam Hussein?

¿Será porque ya se apoderaron de Afganistán?

Suena lógico –dicen- si vemos que NO es la primera vez que el Tío recurre a matar a sus propios ciudadanos para justificar una guerra.

Resulta difícil de creer que la guerra contra Afganistán, donde movilizaron a casi 100 mil tropas, se haya llevado a cabo en un plazo tan corto.

Los especialistas militares sospechan que YA la tenían preparada antes del 11-S...

Y finalmente, los analistas se remiten al discurso de Baby Bush en Norfolk, el 13 de febrero del 2001, donde el halconiano texano presentó públicamente su programa militar, y donde destacó estos puntos: *"...necesitamos disponer de las fuerzas terrestres más mortíferas y ligeras... necesitamos disponer de aviones capaces de arrasar con precisión cualquier parte del globo... y de barcos capaces de maximizar la superioridad terrestre en cualquier costa de la tierra."*

¿ Pues -dicen los analistas- con quién había barruntos de guerra antes del 11-S ?

(EL MISMO 11 DE SEPTIEMBRE DEL 2001 MURIERON EN TODO EL MUNDO, DE HAMBRE Y ENFERMEDADES, 35,615 NIÑOS Y NADIE SOLTÓ UNA LÁGRIMA EN ESTADOS UNIDOS.)

Helguera / La Jornada

★★★★★★★★★★★★★★★★★★★★★★★★★★★

EL PROGRAMA DE
GOBIERNO BUSH-PENTÁGONO
(expuesto <u>antes</u> del 11 de septiembre)

Feiffer / USA

1
INDIFERENCIA DESPECTIVA HACIA LA ONU Y DEMÁS INSTITUCIONES INTERNACIONALES
2
NUEVA GUERRA DE LAS GALAXIAS
3
INCREMENTAR EL ESFUERZO TECNOLÓGICO CONVENCIONAL
4
NUEVAS BIOARMAS PARA GUERRA BIOLÓGICA
5
ESPIONAJE GLOBAL CON NUEVAS TECNOLOGÍAS SOFISTICADAS
6
MILITARIZACIÓN DE LA SOCIEDAD E INCREMENTO DE LA INDUSTRIA POLÍTICO-MEDIÁTICA (Medios)
7
POTENCIAR OCCIDENTALISMO Y CULTURA AMERICANA

★★★★★★★★★★★★★★★★★★★★★★★★★★★

LOS ATENTADOS DEL 11-S FUERON UNA RESPUESTA DE TERRORISMO "PERSONAL" DE PARTE DE GRUPOS PROVENIENTES DE PAÍSES QUE HAN SUFRIDO EL <u>TERRORISMO DE ESTADO</u> GRINGO DURANTE AÑOS.

Helguera / La Jornada

OSAMA forma parte de la secta islámica fundamentalista de los WAHHABITA, que no toleran el alcohol, la música, la tele, las desviaciones sexuales, el rostro de las mujeres (por considerarlas brujas) y todo tipo de imágenes. Recuerden que los talibanes wahhabitas destruyeron todas las estatuas de Buda que había en Afganistán...con el apoyo de los Estados Unidos.

Washington creó a los talibanes para sacar a los rusos de Afganistán: ahora los quieren matar...

OSAMA BIN LADEN
El jefe de la organización islámica calificada como terrorista, sería un saudiárabe llamado Osama Bin Laden, supuestamente el organizador de los atentados del 11-S. Osama, dedicado desde su juventud a los negocios familiares –su familia está considerada como una de las más ricas del Medio Oriente– cambió sus actividades financieras por la lucha política. Decidido a liberar a Afganistán de la ocupación soviética, pasó a ser agente de la CIA encargándose de administrar los 2,200 millones de dólares que puso Washington para combatir con guerrillas a la URSS, que amenazaba con quedarse con Afganistán, ruta obligada del petróleo producido en esa zona. ¡ La más rica del mundo ! Terminada la intervención soviética, se desató la Guerra del Golfo Pérsico contra Irán, que acabó con las pretensiones de Saddam Hussein de quedarse con Kuwait, pero que también provocó <u>la ocupación militar de Arabia Saudita, su patria, por parte de los Estados Unidos</u>.
Eso enfureció a don Osama, que rompió con la CIA (se supone) y declaró la guerra personal contra USA por estar "profanando" con sus bases militares llenas de *marines* borrachos la Tierra Santa del Islam. No olvidar plis que en Arabia Saudita se encuentran los lugares sagrados islámicos: La Meca y Medina.
Además de estar en duda su alejamiento de la CIA, hay muchas interrogantes sobre sus nexos financieros... con la familia Bush.
¿ Se acabaron también ?
OSAMA BIN LADEN EN SOCIEDAD CON BUSH.

El Fisgón / La Jornada

¿ ES POSIBLE ?
....

Tras los terribles atentados del 11-S, investigadores y periodistas de todo el mundo, se pusieron a rascar sobre lo que había pasado ese 11-S, qué lo había provocado y por qué culpaban a un antiguo aliado del Imperio gringo.
Se descubrió que la familia Bin Laden tenía (¿ o tiene ?) fuertes inversiones en USA.
Osama Bin Laden resultó ser uno de los principales accionistas de la empresa petrolera texana HARKEN ENERGY CO. , empresa que compró a una empresa de Baby Bush, petrolera también, llamada SPECTRUM 7 ENERGY CO., de la que era presidente ejecutivo el jóven William W. Bush, actual presidente fraudulento de USA.
Es decir, Osama Bin Laden y William W. Bush fueron socios en el negocio petrolero, al igual que el padre de Osama, misteriosamente muerto en un accidente aéreo en Texas, fue socio de Bush padre en la WEST TEXAS PETROLEUM.
De eso ya no hay duda...

LOS MÁS BENEFICIADOS POR LOS ATENTADOS DEL 11-S FUERON LOS GRANDES CONSORCIOS DE LA INDUSTRIA DE GUERRA: *RAYTHEON GENERAL DINAMICS NORTHROP GRUMMAN LOCKHEED MARTIN BOEING MOTOROLA E IBM.* LAS GUERRAS ORGANIZADAS POR BABY BUSH LES ESTÁN PRODUCIENDO MILLONES DE DÓLARES.

PRAISE ALLAH!!

Huck / USA

Cada día de guerra en Afganistán cuesta entre 40 y 100 millones de dólares, que van a dar a contratos para la industria bélica.

DEFINITIVAMENTE HA QUEDADO DEMOSTRADO QUE LA PAZ NO ES NEGOCIO.

LOCKHEED

POUL HOLCK/Däg Bladet Politiken, Denmark

181

USA vio desconsolado que <u>todos</u> sus adelantos tecnológicos y sus escudos antimisiles, no podían en el futuro defenderle de ataques pobres en tecnología, pero muy eficaces, como los ocurridos el 11 de septiembre.

La superpotencia núm. 1 del mundo podía ser atacada y vencida por una banda de miserables del Tercer Mundo...

Tras los atentados del 11-S cambió radicalmente la política en Estados Unidos. El Senado, que conservaba una independencia frente al Ejecutivo, pasó a estar a las órdenes del Pentágono, que vio aumentado su poder (y presupuesto) astronómicamente.

Hachfeld / Alemania

HACHFELD

> La discrepancia es aplastada con la etiqueta de 'antipatriótica'. Si uno es periodista en Estados Unidos hoy, y no está de acuerdo con la línea del gobierno, se le dice que su deber patriótico es estar a favor y no en contra.

"La libertad de prensa está amenazada"

El veterano periodista australiano Phillip Knightley considera que después de los ataques del 11 de septiembre, los medios se convirtieron en sólo un peón de los gobiernos para preparar al público para la guerra.

Knightley detecta distintas etapas de "desinformación" en momentos de conflicto y cree que "la primera víctima es la verdad", como dijo el congresista estadounidense Hiram Johnson en 1917.

Randy Jones / USA

Feiffer / USA

La libertad de prensa está en peligro como nunca lo estuvo en otras épocas que yo recuerde.

Está en peligro debido a las necesidades de seguridad nacional que los gobiernos ponen en el tapete. Aseguran que la guerra contra el terrorismo no permite una libertad de prensa como la que existía antes.

Pienso que ahora se nos dice sólo lo que el gobierno cree que debe decir y por supuesto lo que sirve a su política.

Los medios se han transformado en un peón en el juego del poder político para preparar a la gente para la guerra, o para aumentar el apoyo a sus estrategias.

Si uno toca temas comprometidos en una conferencia de prensa en Washington y en un grado menor en Londres, no es invitado a preguntar en la próxima conferencia.

Hay muchas cosas que nos gustaría saber pero simplemente no nos las comunican.

Por ejemplo, no se permite informar sobre el recorte de los derechos civiles en Occidente. No sabemos quién está todavía preso en EE.UU. bajo sospecha de terrorismo. Tenemos una cifra pero no sabemos cuáles son los cargos, sus nombres, dónde están.

No sabemos qué ocurre en Guantánamo. Todavía se interroga a los prisioneros, ¿qué información proveen? ¿Cuánto tiempo permanecerán allí?

Tampoco sabemos qué ocurre en Afganistán. El país desapareció en un vacío mediático.

El otro día leía un informe de una periodista que respeto y decía que la situación en el país es mucho peor de la imaginada después del conflicto. Los señores de la guerra regresaron y las mujeres son oprimidas otra vez en algunas partes. La ayuda internacional prometida no llegó o no es suficiente. ¿Por qué no se dice todo esto?

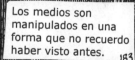

Los medios son manipulados en una forma que no recuerdo haber visto antes.

183

ENCUENTRE LAS DIFERENCIAS ENTRE LAS DOS FIGURAS.

ANTIGUO ALIADO DE EU EN AFGANISTÁN. | ACTUAL ALIADO DE EU EN AFGANISTÁN.

El Fisgón / La Jornada

RESPUESTA: SI UD.ENCUENTRA DIFERENCIAS, POR FAVOR, AVISE.

LA GUERRA en AFGANISTÁN

Según declaró públicamente Baby Bush, la única finalidad de declararle la guerra al potente país, sería <u>capturar vivo o muerto</u> a Osama Bin Laden y equipo que lo acompañaba.

....

Para llevar a cabo tal objetivo, los aviones gringos se pasaron varios meses bombardeando el ya desolado país y matando (por error, claro) a cerca de 100 mil afganos (personas, no perros), supuestamente todos talibanes y miembros de Al Qaeda. Muchos de ellos habían sido entrenados en el Centro de Adiestramiento que la CIA tiene en Camp Peary, Virginia (más conocido como "La Granja"), en tácticas de sabotaje, guerrilla y tortura.

A los que quedaron vivos de los bombardeos, tuvieron que matarlos para que no sufrieran torturas, y a los que se salvaron, los enviaron de vacaciones perpetuas a la Base Naval y Tropical de Guantánamo, Cuba.

Jonathan Rosen / USA

El Pentágono y Mr. Bush lamentan informarle a la opinión pública que el señor Osama Bin Laden **no ha dado la cara**, por lo que no ha sido detenido.

OTRO AVISO DEL PENTÁGONO Y MISTER BUSH JR.

En vista de que el señor Osama Bin Laden <u>no</u> se ha presentado en Afganistán vivo o muerto para ser detenido, hacemos saber a la opinión pública que nos vemos obligados a buscarlo ahora en Irak, donde de paso y aprovechando el viaje, haremos lo mismo con el señor Saddam Hussein, que está en la lista de deudores de esta empresa.

del Senado y la Cámara de Representants <u>NO</u>, porque ya no nos toman en cventa los generales.

HACHFELD

Abilio / Venezuela

Hachfeld / Alemania

AVISO A NUESTROS LECTORES:
Mientras hemos estado trabajando en la elaboración de este infame y calumnioso libro, Baby Bush y su banda han estado amenazando al mundo con hacerle la guerra a Irak, alegando que tiene muchas armas de destrucción masiva (no tantas como Estados Unidos, pero en fin...), y que además acoge en su territorio lleno de petróleo a Osama Bin Laden y a otros peligrosos terroristas seguramente malvados.
Que conste...

185

Resumiendo:

Estados unidos se ha convertido no sólo en el policía represor del mundo, sino también en el dictador de las políticas económica, cultural y hasta gastronómica de todos los países. Quieren ser un nuevo imperio, más poderoso que el imperio romano y más duradero que el tercer reich de Hitler, pero sin judíos muertos. Prefiere matar árabes...
Su idea es establecer en todo el mundo la *pax americana*, un gran concierto de naciones donde toda la gente masque chicle, beba coca-cola, coma hamburguesas, engorde consumiendo comida chatarra, oiga música gringa, fume marlboro, vea películas de walt disney y ame a los gringos. Los que queden vivos, claro...

Resumiendo, los aquí y allá y acullá presentes, deseamos manifestar nuestro desagrado por lo que ha representado para nuestro mundo la presencia en él de los Estados Unidos. Desde aquí los acusamos de:

VIOLAR LAS LEYES INTERNACIONALES EN PERJUICIO DE LAS DEMÁS NACIONES

SAQUEAR SISTEMÁTICAMENTE LAS RIQUEZAS DE MEDIO MUNDO

NEGAR A OTROS PUEBLOS EL DERECHO A BUSCAR SU PROPIO DESARROLLO

FABRICAR GUERRAS EN SU PROPIO BENEFICIO

DESTRUIR EL MEDIO AMBIENTE DEL PLANETA EXPLOTÁNDOLO SIN MEDIDA

OPONERSE A LA COEXISTENCIA PACÍFICA CON OTROS SISTEMAS DE GOBIERNO

ASESINAR A MILLONES DE GENTES CON SUS GUERRAS DE CONQUISTA

IMPONER DICTADURAS FAVORABLES A SUS INTERESES

GLORIFICAR LA VIOLENCIA Y EL RACISMO CON SUS PELÍCULAS Y PROGRAMAS TELEVISIVOS

VIOLAR LOS PACTOS Y ACUERDOS INTERNACIONALES

PROMOVER LA GUERRA FRÍA PARA DEFENDER SUS INTERESES

MILITARIZAR AL MUNDO PARA OBTENER FABULOSAS GANANCIAS

VETAR LAS RESOLUCIONES DE LA ONU SISTEMÁTICAMENTE CUANDO NO LES FAVORECEN

TUMBAR Y ASESINAR GOBERNANTES QUE NO LES SIMPATIZAN

IMPONER UNA ECONOMÍA GLOBAL DE MERCADO EN SU PROPIO BENEFICIO

SUMIR EN EL HAMBRE Y LA MISERIA A MILLONES DE NIÑOS

VIOLAR SISTEMÁTICAMENTE LOS DERECHOS HUMANOS EN EL TERCER MUNDO

DOMINAR LAS ECONOMÍAS DE OTROS PAÍSES MEDIANTE ESPECULACIONES FINANCIERAS

CREAR UNA NUEVA FORMA DE COLONIZACIÓN PARA EXPLOTAR A OTROS PAÍSES

PRACTICAR EL TERRORISMO DE ESTADO MEDIANTE LA CIA Y SUS EMBAJADAS

IMPONER EN TODO EL MUNDO POLÍTICAS ECONÓMICAS GENOCIDAS

ASUMIR EL PAPEL DE POLICÍA UNIVERSAL... ETC.,ETC.,ETC.

O PARA VERLO DEL OTRO LADO ...

¿ Qué tiene el mundo que agradecerle a los gringos ?
(No al pueblo, sino a los que lo gobiernan, dominan
y engañan y llevan a la guerra .)

¿ QUÉ TENEMOS QUE AGRADECERLES ?

¿ HIROSHIMA Y NAGASAKI ?
¿ EL ASESINATO DE MADERO ?
¿ EL GENOCIDIO DE VIETNAM ?
¿ EL APOYO A PINOCHET ?
¿ LA DESTRUCCIÓN DEL SANDINISMO ?
¿ LOS DUMPINGS COMERCIALES ?
¿ LA COCA-COLA Y OTRAS DROGAS ?
¿ EL ASESINATO DE LA DEMOCRACIA EN CHILE ?
¿ LA CONTAMINACIÓN DEL PLANETA ?
¿ EL GENOCIDIO DE PALESTINOS ?
¿ LOS BOMBARDEOS A YUGOSLAVIA ?
¿ EL APOYO A TRUJILLO Y SOMOZA ?
¿ LA MUERTE DE OLAF PALME ?
¿ EL CRIMINAL BLOQUEO A CUBA ?
¿ LA INVASIÓN DE PANAMÁ ?
¿ EL LINCHAMIENTO DE SUS NEGROS ?
¿ EL ROBO DE MEDIO MÉXICO ?
¿ EL GENOCIDIO DE LOS INDIOS AMERICANOS ?
¿ LA ESCUELA DE LAS AMÉRICAS ?
¿ LAS MASACRES EN INDONESIA ?
¿ EL ASESINATO DEL CHE GUEVARA ?
¿ LA INVASIÓN A LA DOMINICANA ?
¿ EL APOYO A CHIANG KAI SHEK ?
¿ LA OTAN ?
¿ EL FONDO MONETARIO INTERNACIONAL ?
¿ EL ASESINATO DE LUMUMBA ?
¿ LOS BOMBARDEOS A IRAK ?
¿ LA GUERRA CIVIL EN EL SALVADOR ?
¿ LA OPERACIÓN CONDOR ?
¿ LAS BASES MILITARES YANQUIS ?
¿ LOS TESTIGOS DE JEHOVÁ O LOS MORMONES ?

Perich / España

Bidstrup / Dinamarca

¿ SU COMIDA CHATARRA ?

188

COMO VEN, ES DIFÍCIL EXPRESARLE
AL TÍO SAM EL AGRADECIMIENTO
POR TODO LO QUE LE HA DADO AL
MUNDO. Y COMO NO CREEMOS NI EN
EL DIABLO NI EN EL ANTICRISTO,
TAMBIÉN SE NOS DIFICULTA PENSAR
QUE EL TÍO SEA LA REENCARNACIÓN
DE HITLER O STALIN.
PERO ENTONCES, ¿ POR QUÉ ESA
CONDUCTA CRÓNICA DE BUSCAR LA
DESGRACIA AJENA, EN LOS ACTOS
DE LOS GOBIERNOS GRINGOS ?
¿ POR QUÉ ESA TENDENCIA A HACER
EL _MAL_ A LOS DEMÁS Y A ASUMIR
EL PAPEL DE POLICÍA REPRESOR DE
TODA LA HUMANIDAD ?
¿ SON LOS ESTADOS UNIDOS EL
IMPERIO DEL MAL?
EN LA DUDA, MEJOR REPETIMOS LO
QUE EL ESCRITOR _HENRY MILLER_
DIJO ANTES DE MORIR:

(*"...mi única duda es saber si
Estados Unidos acabará con el
mundo o si el mundo va a acabar
con Estados Unidos..."*)

Oliphant / US

BIBLIOGRAFÍA

McPherson / Canadá

Hachfeld / Alemania

Poinsett Historia de una gran intriga / José Fuentes Mares / Océano 1982

Kissinger's Kingdom ? / Stuart Holland, Donald Anderson / Spokesman 84

Hacia un despiporre global.../ El Fisgón / Grijalbo 2002

Las primicias del imperio / José Luis Orozco / Premia Editora 1984

Historia de la CIA / Fred J. Cook / ERA México 1962

Comunicación de masas e imperialismo yanqui / Herbert I. Schiller/ Gili 76

Vera Historia del Tío Sam / Rius / Posada México 1988

Blowback, the cost and consecuences of American Empire / Chalmers Johnson / Owl Books / NY 2001

La imagen de los EU en la América Latina / Carlos M. Rama / SepSetentas

Expansión ideológica de EE.UU. / Academia de Ciencias de la URSS 1986

El Pentagonismo, sustituto del imperialismo / Juan Bosch / Siglo XXI 1968

Cold War 1945-1991 / Jeremy Isaacs & Taylor Downing /Little Brown 1993

American Holocaust / David E. Stannard / Oxford U. Press / 1993

Las venas abiertas de América Latina / Eduardo Galeano / Siglo XXI 1977

El terrorismo de estado / Jorge A. Tapia Valdés / Nueva Imagen 1980

The cultural cold war. The CIA and the world of arts Saunders /New Press

From gunboats to diplomacy / Richard Newfarmer ed. / John Hopkins

The power and the glory. An ilustrated history of the US military / LIFE

Texas and the Mexican war / Nat W. Stephenson / Yale Univ. Press 1971

La cultura del terrorismo / Noam Chomsky / Editora Popular 2002

Y cientos de páginas web proporcionadas por mi Doña Tecla Computer

Osama Tío Sam,
de Eduardo del Río (Rius)
se terminó de imprimir en marzo 2006 en
Comercializadora y Maquiladora Tucef, S.A. de C.V.
Venado N° 104, Col. Los Olivos
C.P. 13210, México, D. F.